頭家這條不歸路

隨時會破產、努力了還不一定有結果，創業就是這麼危險，但是人生總得冒險

U0034643

二十幾歲的你，曾經幻想過自己的未來嗎？
要一輩子吃人頭路，每天做著重複的工作？
若不想再受僱於人，又該怎麼跨出那一步？
如何調整心態？如何獲得足夠的資源？如何抓住機遇？

胡文宏，楚風 編著

本書以「石油大王」洛克斐勒的血淚創業史為主軸，
帶領各位勇者踏上頭家這條「不歸路」，重新翻轉自己的人生！

目錄

前言

第一章　十年以後你是誰

目標就是理想和夢想 ················· 10

目標帶來熱忱 ····················· 19

事業是人生的主要目標 ··············· 22

知道自己該做什麼 ·················· 30

第二章　承擔起自己的責任

工作要有責任心 ··················· 39

責任心使人卓越 ··················· 40

多一盎司定律 ····················· 45

勇敢扛起失敗的擔子 ················ 49

第三章　一呼百應的影響力

做事先做人 ······················ 55

沉默代表著力量 ··················· 62

遇事要冷靜 ······················ 66

要穿著得體 ······················ 70

超凡絕倫的經營才能 ················ 77

目錄

第四章　創業是上天堂還是下地獄

辭職之前考慮好 ……………………………… 86

創業前的三個問題 …………………………… 88

創業之初的自我評估 ………………………… 91

順應時勢方成大事 …………………………… 99

機遇在哪裡 …………………………………… 103

適當的冒險精神 ……………………………… 108

開創事業的前期準備 ………………………… 112

創業資金的籌集 ……………………………… 114

關於合夥的忠告 ……………………………… 116

第五章　管好你的口袋

省錢就是賺錢 ………………………………… 132

為自己儲蓄一個機會 ………………………… 139

財不理不順 …………………………………… 144

拓展收入的管道 ……………………………… 155

投資方向如何確定 …………………………… 160

做金錢的主人 ………………………………… 166

第六章　婚姻是人生最重要的投資

投資對象的資質 ……………………………… 177

膽小鬼抓不住美人心 ……………………………… 179

做個成功的丈夫 …………………………………… 186

增進夫妻感情的法寶 ……………………………… 193

家與愛的對抗 ……………………………………… 197

語言的溝通與交流 ………………………………… 206

第七章　睿智忠告助你成功

如何選擇職業 ……………………………………… 218

在快樂中發展自己 ………………………………… 220

每一個人都帶著一份禮物 ………………………… 223

在跌倒的地方撿起一塊石頭 ……………………… 225

行走社會的技巧 …………………………………… 227

莫做「含沙射影」的殺手 ………………………… 229

附錄　洛克斐勒小傳

自古英雄出少年 …………………………………… 234

寶劍鋒自磨礪出 …………………………………… 241

牛刀小試誰能敵 …………………………………… 245

一舉成名天下知 …………………………………… 252

首富之路多坎坷 …………………………………… 261

廣種善緣美贍傳 …………………………………… 275

目錄

前言

約翰・洛克斐勒 (John Rockefeller, 1839 ~ 1937)，美國企業家和慈善家，美國著名的壟斷財團洛克斐勒家族的創辦人。他率先了解到石油在工業中的重要意義，並在 1870 年建立了美孚石油公司 (Mobil)。10 年後，美孚公司生產與銷售的石油占全美 95% 的市場占有率。

從一窮二白到富可敵國，洛克斐勒經歷了一段怎樣的坎坷之旅？從冷酷無情的賺錢機器到溫情脈脈的慈善家，洛克斐勒走過了怎樣的曲折心路？在當今物競天擇、適者生存的時代裡，洛克斐勒的人生經營之道，對普通人而言，有著怎樣的意義？

這是編者在編寫本書時所苦苦思考的一個問題。拂去歷史的浮塵，追尋巨人的足跡，提煉人生的智慧……相信讀者們能夠從本書中，得到經營人生的博弈智慧。

大師已經遠去，精神永留人間。讓我們重溫洛克斐勒的著作《我的信條》，再一次感受他的睿智與真誠：

我相信無上的個人價值以及人們追求幸福的權利。

我相信每一種權利都蘊涵著義務，每一次機遇都蘊涵著挑戰，每一份擁有都蘊涵著責任。

我相信法律是為人服務的，而不是人被法律所束縛。

前言

　　我相信勞動的尊嚴，無論是腦力的還是體力的。世界沒有義務養活每一個人，但應提供給每個人生存的機會。

　　我相信無論是對政府、企業還是個人，勤儉是使生活井井有條的關鍵，節約是財政穩固的首要條件。

　　我相信堅持真理和正義是穩定社會秩序的保證。

　　我相信諾言的神聖，人的諾言應當與契約一樣有信用。價值最高的是人格，而不是財富、權利或地位。

　　我相信提供有益的服務是人類的基本義務，只有無私奉獻的火焰才能讓自私的殘渣灰飛煙滅。這時，人類靈魂的偉大才能全部顯現。

　　我相信愛是最偉大的，只有愛才能夠消除恨。正義能夠而且必然戰勝強權。

　　　　　　　　　　　　　　　　　　　　　　　編者

第一章　十年以後你是誰

> 對於現在的你來說，十年以後似乎還是遙遠的
> 未來，但你必須有一個目標，並按照目標安排
> 自己的人生。
>
> —— 洛克斐勒

還記得十年前你在做什麼嗎？那時的你是否對十年後的今天抱有許多夢想？你的夢想實現了嗎？如果實現了的話，請不妨給自己一個獎賞；如果沒有實現，你是否作了反省？

大多數人一輩子只有區區幾個十年。現在，讓我們放下過去十年的喜怒哀樂與榮辱得失，將目光投向下一個十年：十年以後我是誰？做一番什麼樣的事業、過一種什麼樣的生活？為了十年以後的夢想，我該做哪些努力？

目標就是理想和夢想

在洛克斐勒的女兒伊莉莎白中學畢業時，洛克斐勒與她談到了「十年以後妳是誰」這一話題。他當時告誡女兒：「對於現在的妳來說，十年以後似乎還是遙遠的未來，但妳必須有一個目標，並按照這個目標安排自己的人生。」

洛克斐勒說：「所謂目標，就是理想。也許現在在妳的腦海中只是一個夢想，但妳必須擁有一個夢想，這樣妳才會有自己的奮鬥方向，不至於像無頭蒼蠅般亂飛，最終一事無成。」

每天，我們都可能會遇到對自己的人生或周圍的世界不滿的人。在這些對自己處境不滿意的人中，有絕大部分的人對自己的未來沒有清晰的圖畫，他們沒有改善生活的具體目標，而一個人沒有目標就不會去鞭策自己。其結果是，他們

繼續生活在一個他們無意改變的世界裡。

有一位醫生對活到百歲以上的老人的共同特點做過大量的研究，他讓聽眾仔細思考這些人長壽有什麼共同的因素，大多數聽眾認為這位醫生會列舉食物、運動、節制菸酒以及其他影響健康的因素。然而，令眾人驚訝的是，醫生告訴他們，這些長壽者在飲食和運動方面並沒有什麼共同特點。研究發現，他們的共同特點是對待未來的態度──他們都有人生的目標。

制定人生目標未必能使你活到100歲（正如洛克斐勒的百歲之夢並未實現），但必定能增加你成功的機會。人生倘若沒有目標，肯定會一事無成。正如貿易鉅子 J・C・賓尼所說：「一個心中有目標的普通職員，可能會成為創造歷史的人；一個心中沒有目標的人，只能是個平凡的職員。」

制定目標的一個最大好處是有助於人們妥善安排日常工作中的輕重緩急。沒有目標，人們很容易陷入與理想無關的日常事務當中。一個常常忘記最重要事情的人，會成為瑣事的奴隸。有人曾經說過，「智慧就是懂得該忽視什麼東西的藝術」，道理就在於此。許多年前，某報作過300條鯨魚突然死亡的報導。這些鯨魚在追逐沙丁魚時，不知不覺地被困在了一個海灣裡。美國知名科幻作家弗雷德里克・布朗（Fredric Brown）這樣說：「這些小魚把海中巨人引向死亡，鯨魚為追逐小利而暴死。為了微不足道的目標而空耗了自己的巨大力量。」

沒有遠大目標的人，就像那些鯨魚，他們有巨大的力量與潛能，但他們總是把精力放在小事情上，小事情使他們忘記了自己本應做什麼。說得明白一點，要發揮潛力，就必須全神貫注於利用自己的優勢去完成有高報酬的目標。目標能幫助你集中精力。另外，當你不停地在已有優勢的方面做出努力時，這些優勢會進一步發展，最終達到目標。

雖然目標是有待將來實現的，但目標能使我們把握住現在。為什麼呢？因為目標要求我們把大的任務看成是由一連串小任務和小步驟組成的，要實現任何理想，首先要完成這些小的目標。所以，如果你能集中精力於當前手上的工作，心中明白自己現在所作的種種努力都是為實現將來的目標鋪路，那麼你在成功的道路上就不會走彎路。

不成功者有個共同的問題，他們極少評估自己已經取得的進展。有些人不明白自我評估的重要性，有些人無法度量自己已取得的進步，當然也就無成就感，也就缺乏繼續朝著目標奮鬥的動力。

目標的設定為人們提供了一種自我評估的重要方法。如果你的目標是具體的，看得見、摸得著，你就可以根據自己距離目標還有多遠來衡量目前取得的進步。

成功人士總是在事前決斷，而不是事後補救。他們自己提前謀劃，而不是等待別人指示。他們不允許其他人操縱自己的工作進程。

確立目標能幫助我們事前謀劃，目標迫使我們把要完成

的任務分解成可行的步驟，要想製作一幅通向成功的「交通圖」，你應先有目標。正如 18 世紀的發明家、政治家富蘭克林（Benjamin Franklin）在自傳中說的：「我總認為一個能力很一般的人如果有個好計畫，是會有大作為的。」

目標就是幫助我們把重點從工作本身轉移到工作成果。

不成功者常常混淆了工作本身與工作成果。他們以為大量的工作，尤其是艱苦的工作，就一定會帶來成功。但任何活動本身並不能保證成功，也就是說，成功的標準不是做了多少工作，而是做出了多少成果。

明確的目標有助於我們避免這種情況發生。如果你制定了目標，又定期檢查工作進度，你自然就把重點從工作本身轉移到了工作成果。做出足夠的成果來實現目標，這才是衡量成就大小的正確方法。隨著一個又一個目標的實現，你會逐漸明白要實現目標需要多大的付出，你往往還能從中悟出如何用較少的時間來創造較多的價值，這反過來能引導你制定更高的目標，實現更偉大的理想。隨著你工作效率的提高，你對自己、對別人也會有更準確的看法。

理想是什麼？

理想是指盼望、希望等。那是一幅呈現在自己面前的遠景，那份遠景非常鮮明，並不含糊。含糊的理想並不是理想，只有能夠呈現出一個清楚境界的遠景，才是真正的理想。洛克斐勒在 14 歲時，就為自己訂下了賺 10 萬美元的清

晰目標。

耶穌十二門徒中的約翰，被囚禁在一個海島上，在監牢中，他見到了異象，見到很多神祕的東西，他根據自己所見的，寫出了《啟示錄》，那就是聖經中最後一卷書。書中道出了末世的光景，也講出了新天新地的情況，他把新天新地的境界勾畫得十分清楚，所以啟示錄就成為歷代基督徒的盼望，這也就是他們的理想。他們為了這個理想，積極行動，甚至如史懷哲醫生那樣，深入非洲地區，治人的病兼治人的心靈，成為一個超越宗教界限的偉人。

理想並不單單限於宗教人士才有，也不是天才方可擁有。嚴格地說，任何人都應該有理想，這個理想可大可小，但大小並不重要，最緊要的是「有理想」。這和「沒有理想」是對立的，沒有理想的人生是空洞的，有理想的人生是積極的、進取的，使人的每一日都可以過得很有意義。

一個律師的遭遇

有一位律師，他的收入非常豐厚，而且有一個看起來很美好的家庭，有社會地位，受人尊敬。後來，他因為身體不適而入院接受檢查，檢查的結果令人傷感，他罹患了癌症。他只有暫時放棄工作，專心接受治療。

電療、化療、手術治療等，令他的身心受到重創，體質越來越虛弱，但癌細胞依然不受控制，最後醫生認為他沒有治癒的可能了。當醫生放棄對他的治療後，他才開始面對現

實，抱著接受死神來臨的心理準備。

這時候，他遇上了一位心理醫生，這位醫生非常明白身心相互影響的重要性，很多癌症的病因是來自心理，生理情況只是一個誘發因素。心理醫生嘗試和病人溝通，意圖觸及他的心靈深處，了解他的心事，從他的心結中找尋他罹癌的原因，並且試圖幫助他解開這個結。

心理醫生發現，雖然病人名利雙收，看似風光，但實際上他活得並不快樂。在童年時，他愛上了音樂，擅長演奏小提琴，他的理想是要成為一個出色的小提琴演奏家。可是，他的父母卻認為做音樂沒出息，不准他以當小提琴家作為人生的理想，雖允許他玩玩小提琴，但卻逼他學習法律。大學填志願時也不准他選和音樂有關的科系。

結果，受不了家庭的壓力，他放棄了童年的夢想，而選擇了他自己不喜歡的法律。完成學業之後，他順理成章地當上了律師，享受律師職業帶來的收入和地位。但他卻不快樂，這份不快樂只有他自己知道，甚至連他自己也承認。在心理醫生引導之下，他才打破自我封閉了許久的心靈，開始面對自己已經失落了的理想。

心理學中的自我實現，就是追求人生的滿足感，如果自我不能實現，就算有很多錢和很高的地位，一樣不會快樂，心靈仍承受著痛苦，這就是為什麼一些很富裕的人一樣會厭世自殺，一些很有權勢的人卻沉浸於毒品和酒精當中，自我麻醉。

病人的理想被釋放了出來，心理醫生便告訴他，既然目

前他已經被醫生判了「死刑」，剩餘的日子並不多了，名和利、父母的期望，一切一切已經都不重要了，現在可放手去做一些自己喜歡做的事，拾回自己的夢想。

病人離開了醫院，對於這多年來的一切，他全盤否定，決意在剩餘的歲月當中，找回自己，為自己的理想做事，不取悅任何人，而只是令自己快樂，做自己喜歡做的事。

他拿起自己心愛的小提琴，全然地投入演奏，他演奏得進入了忘我的境界，後來他開了一個小型的小提琴演奏會，雖然他並不是很專業，但他演奏的樂章卻引起聽眾的共鳴。

他決心只為自己的理想而活，這就是他餘生的目標。一件很奇怪的事發生了，他活過了醫生預測的期限，並依然充滿生氣，死神不但沒有像醫生的預言那樣如期光臨，而且經過醫生檢查竟發現他體內的癌細胞漸漸萎縮，身體也越來越健壯。

最後，他的癌症因為他實現了自己的理想而被戰勝。

想做就去做

在洛克斐勒的一生之中，始終貫穿著「想做就去做」這一條主線。正是他這種執著與勇氣，使他克服了一個又一個在外人看來是不可能克服的困難，從一個一無所有的窮小子成為一個富可敵國的企業家。

你想做些什麼，就去做些什麼。這個濃厚的興趣，可以為你帶來無窮的驅動力，這個理想既是生活的過程，也是生

活的目標，朝著這個方向走，就是向目標邁進。

　　沒有人可以為你設定你的目標，沒有人能真正明白你，只有你自己才了解自己。在這過程當中，別人可能會當你是瘋子，是傻子——收購雅虎中國的阿里巴巴創辦人馬雲就曾被人這樣稱呼過。但那又有什麼呢？為自己而活，過自己喜歡過的生活，行自己喜歡走的路，那才會活得快樂，否則就像那個成功的律師一樣，從他的內心看來，自己是一個徹底的失敗者，並沒有朝著自己人生喜歡的目標前進。

　　當今的社會，每個人的價值觀是不盡相同的，對價值判斷存在很多偏差。目前，大家都崇尚工商業，於是人人都只有一般的工商業概念，卻不知道宇宙間創意無限，任何一種興趣都可以化成事業，化成人生的理想。

　　三十多年前，林子祥和洪金寶合演了一部名叫《貓頭鷹與小飛象》的電影，電影主題曲〈誰能明白我〉，對於追求目標、追求理想有很好的啟發，其歌詞如下：

「昂然踏著前路去，追趕理想旅途上，前行步步懷自信，風吹雨打不退讓，無論我去到哪方，心裡夢想不變樣，是新生，是覺醒，夢想永遠在世上，前路那怕遠只要自強，我繼續獨自尋路向，常為以往夢想發狂，耐心摸索路途上，懷自信我永不怕夜寒，到困倦我自彈自唱，掌聲我向夢想裡尋，儘管一切是狂想，途人路上回望我，只因我的怪模樣，途人誰能明白我，今天眼中多雪亮，人是各有各理想，奔向目標不

退讓，用歌聲，用歡笑，來博知音的讚賞。」

某一句日本愛情劇的宣傳語：「沒有愛情的人生是空洞的。」這句話或許很正確，但還應該多加一句：「沒有理想的人生也是空洞的。」理想是生命力的發揮，不管是什麼樣的理想，都不要緊，最重要的是有一個理想，一個可以發揮你生命力和長處的理想，勇敢地向這個目標邁進，而不必理會世人奇異的目光。

每一個理想遠大的人，起初往往會被人嘲笑，因為夏蟲不可語冰，凡人不能了解胸懷大志的人的創意，他們有的妒忌，有的無知，都只能在嘲笑。唯有你在他們思想可及的範圍內建立目標，他們才容易接受。例如，你說要模仿李嘉誠那樣奮鬥發達，要從商，或要做醫生、律師、會計師，他們可以明白你這個目標，而且說你有大志。可是，如果你的想法是比較瘋狂的，你的理想在目前未必賺得到錢，他們就可能會嘲笑你，打擊你的自信心，你越是被壓下去，他們就越高興，因為這證明了他們的判斷正確，他們加諸於你的壓力，令他們的預言兌現。

但是，目標是你自己的，理想是你自己的，切勿讓理想被他人所埋葬。當然，如果你決定不讓他人埋葬你的理想，他人是埋葬不了它的。

目標帶來熱忱

「當然，你所設想的十年這一時間段的目標和理想，現在也許在你的腦海中只是一個夢想而已。但是，你必須把這個人生夢想，當作你前進的動力。如果你沒有這個重要的目標，你就會難耐得住人生漫長而遙遙無期的艱辛和寂寞，並且你會過得非常疲憊。」—— 這是洛克斐勒對女兒教誨中的一段話。洛克斐勒認為目標除了能給人指明方向外，還能帶來熱忱 —— 這是經營任何事業都少不了的精神。

心靈熱度

我們可以按人的心靈「熱度」，把人分為兩種：一種是熱忱的人，一種是冷漠的人。這裡熱忱或冷漠，並不是指他們對他人的態度，而是指他們對自己生命的態度。雖然對他人冷漠的人一樣可以對自己的生命抱有狂熱，非常非常熱愛生命；而對他人熱忱的，卻有可能只是害怕孤衾冷枕寂寞的反應而已。

如何才能讓自己的生命充滿熱忱？可行的方法，就是要有真實準確的人生目標，這個目標是你很喜歡的，是你的理想。這樣，你就會很主動地做它，你不會因為向目標邁進而感到心靈疲倦。做自己不喜歡做的事，經常地做，日日去做，你會覺得疲倦。但做你喜歡的事，你的心智絕不會疲倦，只有等到你的身體覺得疲倦時，你才會依依不捨地暫時

放棄自己的喜愛而回去休息。

　　你可以想像一下，一個人如把追求異性的熱忱，用在學習方面，或是用在追求事業成就方面，那股力量會是多麼強大。他會非常積極地去做事，而不會浪費一分一秒，就如面對心儀的異性，他絕不會感到厭倦，而是熱情洋溢。同樣，面對他熱愛的工作，朝著他的目標邁進，他的人生就會充滿熱忱。

洛克斐勒如何找到第一份工作

　　洛克斐勒在 16 歲時，充滿信心地告別學生時代，開始他的淘金夢。他的求職生涯充滿了傳奇色彩，當然，也充分展現了「洛克斐勒式」的個性。在那個酷熱的夏天，他躊躇滿志地翻開全城的工商企業名錄，仔細地尋找那些知名度高的公司。

　　雖然他高中沒有畢業，且毫無工作經驗，但他卻將目標對準了大公司。因為他堅信，只有那些大公司才適合自己，而且他從來沒有改變過這個想法。

　　他去了銀行、鐵路公司及批發公司，至於那些名不見經傳的小企業，他根本不予考慮。他去那些繁華的商業區找工作，沒有絲毫的膽怯，總是直接要求見老闆，或是一個真正「管事」的人，對那些助理一類的人，他從不和他們多費口舌，而是直截了當地說「我懂會計，我要找個工作做。」

　　洛克斐勒雖然一再地被拒之門外，但他從未氣餒。每天

早上 8 點鐘，他穿戴整齊，開始新一輪的預約面試。但是對一個孩子來說，找工作絕不可能是順利的。有些公司他甚至去了三四次，也許換了別人早就放棄了。不過洛克斐勒是一個倔強的人，困難越大，他的鬥志就越高，決心也越堅定。

每個人都有過求職的經歷，而且對大多數人來講，這樣的經歷不會是特別愉快的。但對洛克斐勒來講，這段經歷卻是他一生最為寶貴的。那個炎熱的夏天，成為他一生事業的開始。

他回憶道：「路面又熱又硬，我不得不走很長的路，常常雙腳發痛。我不想依靠任何人，而且也堅信自己一定能找到一份好工作。那時我每天的時間都安排得滿滿的，我的工作就是找工作。」

這場面試的「持久戰」竟然持續了 6 個星期，好在他從來沒有放棄，並終於有了一個結果，他被一家商行錄取為簿記員。那是在 1885 年 9 月 26 日上午，洛克斐勒來到一家從事家用品運輸代理的 Hewitt & Tuttle 公司的辦公室，接待他的是二老闆，而且當時正需要一個人幫他記帳。他叫洛克斐勒午飯後再來。洛克斐勒喜出望外，極力克制住興奮之情，不動聲色地走出辦公室，但剛下了樓梯，他就忍不住高興地跳了起來。

這是他人生中一次重要的勝利，即使到了老年，早已是腰纏萬貫的洛克斐勒回憶起這一幕來，依然十分激動。他說：「我未來的一切似乎就取決於那一天了，每當我問自己，

如果沒有得到那個工作，我的人生會有什麼不同這個問題時，我經常會渾身顫抖不已。」

洛克斐勒在焦急中終於等到了午飯過後，他又一次來到了那間辦公室。這次接見他的是大老闆，此人財力雄厚，在當地擁有大量地產、鐵礦公司，是一個貨真價實的大資本家。他在看了洛克斐勒寫的字後，爽快地叫他留下來試試看。

就這樣，洛克斐勒有了步入社會的第一個理想平臺。這個平臺的獲得與他持之以恆的毅力與對目標的熱忱是分不開的。

晚年的洛克斐勒曾說過一段發人深思的話：「你對你的目標有熱忱的話，你就不會感到沉悶，而會對自己所喜愛的事業，爆發出無窮創意，不但精熟技能，而且可以推陳出新，不但自己開心，更可以名利雙收，且對社會有良好的貢獻。」

事業是人生的主要目標

人生目標，最主要指的是事業成就。大多數經歷過學生時代的人在學校寫作過題目叫「我的理想」的文章。

「我的理想」是什麼？10 年前的孩子都很單純，他們的回答是：要做員警，要做醫生或護理師，或要做一個作家。當年的小朋友不像今日的兒童那樣見多識廣，今日的兒童常有看電

影、看電視、上網的機會，見到的事物比以前的兒童要多很多，所以想像力也比以前的兒童豐富。

所以，叫今時今日的小朋友再寫「我的理想」，就可能會變成了，要炒股票賺大錢，要環遊世界，要做拳王，要做成龍，要做比爾蓋茲等。不過，無論是什麼樣的理想，第一步都還是要決定自己從事什麼行業。

洛克斐勒認為：「事業成就是人生目標最重要的一項，那才是真正顯示個人才能的地方。」追求事業成就，首先就要問自己將來想做些什麼，這是事業目標的開端。不知道自己想做些什麼，方向就不會明確。不過，孩提時所立的理想，大多數都是天真之言，當他們長大了，見識廣了，閱歷足了，對世界也多幾分了解，對自己的才能和興趣也明白得多一點，他們的理想就會發生改變，這時的理想可能才更加實在，更具動力。

人生有三分之一甚至更長時間在工作，如果對自己所做事業的沒有什麼興趣，那人生就會感到很沉悶，也很難有什麼成就。每一個事業成功的人士，必定對他們的事業感興趣，如此他們才會投入，可以日日去做，甚至夜以繼日地去做，毫無倦意。

你有沒有留意到，很多人上班不久就打瞌睡，打呵欠，這不一定是因為疲勞。他們前一夜可能睡眠充足，但上班之後還是想睡，感到疲倦。那其實是心理因素所致，是由於他們對自己的工作不感興趣。只因為要謀生計，才不得不朝九

晚五忙碌奔波。即使他們努力去做，也不會把工作做得很出色，上班等下班，是不能激發出創造力和熱誠的。

建立事業目標，務必要找到自己感興趣的，對於沒有興趣的事業是不能發展成為自己的人生目標的。

滿足個人嗜好也是人生目標

多年前，英國曾經有人進行一項調查，發現那些被視為行為怪僻、我行我素的人，精神健康卻要比一般人佳，也較為長壽。他們可能只顧砌模型，或是收集不同的火柴盒，或是收集個別喜歡的明星的照片及相關物品。這些行為在他人看來，覺得他們是在浪費時間，但他們卻自得其樂。

每個人都可能會有一些獨特的個人嗜好，這些嗜好可能微不足道，也有可能很專業化、很高深，但這不是關鍵所在。最關鍵的是你到底有沒有這樣的嗜好，不管它看來是不是很高尚，但只要自得其樂，且不傷己也不害人，自己吹皺一池春水，干卿何事？

每個人都具有自己的獨特性，嗜好和品味亦不可能全部相同。不必理會大眾的想法，只問自己的喜好，憑良心處事，最重要的是對得起自己，才會知道自己實際想要些什麼，想做些什麼。

事實上，很多事業成功的人，都是把他們的嗜好化為事業，因而興趣十足，從玩到精，成為專家中的專家，再推廣出去，很受大眾歡迎，因而獲得成就。

寓嗜好於事業

　　最理想的情況，就是把自己的興趣嗜好，變成自己的個人事業，無論你的嗜好是什麼，可能是廚藝，或是武術，或是醫學，或是某類運動，或是一門技藝，或只是對某一類物品感到興趣，諸如酒、茶、零食、汽車、飛機、槍械、雀鳥、熱帶魚、狗、花卉盆栽、火柴盒、明星海報、風景照片等，你喜歡它，就投入去收藏它、學習它、研究它、精熟它。

　　無論你是否可以把喜愛的事物發展為事業，只要自己喜歡，那就盡量去做，去投入它、享受它，而不必理會成就不成就。但我們總是要生活，要維持生計，能在正職當中獲得越豐厚的收入，就越能付出時間去享受這些嗜好。

　　在美國，那些精於籃球的運動健將就把自己的興趣和專長變成事業，個人嗜好成為賺錢成名的工作。美國有職業籃球比賽，那些在大學階段便鋒芒畢露的高大籃球員，可能還未畢業就被聘請加入了職業籃球隊，獲得豐厚的報酬，在籃球場上表現出精湛的球藝。平時，他們的日常工作就是練習籃球，以及做一切和籃球運動有關的體能鍛鍊，對他們來說嗜好就是事業，事業就是嗜好。

化嗜好為人生目標的奧祕

　　把嗜好轉化為人生目標的奧祕，其實就只有兩個字：「認真」。把嗜好轉化為目標之後，就一定要非常認真，非常投入

地去做，嗜好最好就是工作，把自己所有的時間全心投入其中，讓它不斷地發展、醞釀，使它成為生命的一部分。

那些一個星期只做兩三個小時的東西，不是真的嗜好，真正的嗜好是有趣得讓你經常地去想去做，全心投入，永不滿足，要做得好，把人家教你的，做到爐火純青，然後再進一步發展和研究。例如，有很多人喜歡觀賞飛機升降，如果你喜歡觀賞飛機升降，把它作為嗜好，就不單是望一望那麼簡單，而是要研究一切和飛機有關的知識，要做升降的記錄和分析。

你不要輕視你的嗜好，要深入研究自己嗜好，從嗜好當中找出學問來，那些對這門嗜好感興趣的人，將來就要向你求教，向你學習，視你為專家。

看清楚你的人生目標

你也許沒有像愛迪生的發明才華，但天生我才必有用，看看自己喜歡做些什麼，然後就為這個目標努力，從事相關的行業，學習相關的東西，或在行業內浸淫，加上運用創意以及各種條件配合，無論如何都會有些成果。

你在訂立事業目標的時候，不妨閉上眼睛，按照自己的欲望，想一下 10 年以後自己到底想變成什麼模樣，是企業家？是發明家？是某些行業的翹楚？你當然不能憑空去想，你要有一些條件在手，足以令你產生一些想像力，而這股想像力是順著你的欲望產生的。

例如，你在街上見到員警制服有型有款，對於除暴安良，警惡懲奸很敬佩，同時對於偵緝調查等頗有興趣，於是把這些元素組合起來，在你的腦海中勾勒出一幅畫面，那是自己穿上了高級警官的制服，檢閱警員，在警界內頗有地位。然後，就循著這條路去努力。

你可以做些什麼？你目前可能還在讀書階段。那麼，你現在就要把書讀好，增加知識，提高學歷，並且多留意和警察有關的事，保持對查案的興趣，畢業之後就報考警校，而且最好是考名校，這對你將來的從警之路頗有幫助。

另外，從警除了要有頭腦，還要有強健的體格，在求學階段還應鍛鍊出強健的身手，對邁向自己的目標，甚有意義，如能精通武術，那就更佳。

事業目標訂得清楚了，做起事來就有方向可尋，雖然離目標尚遠，但在此時此地，便已經有事可做，就不會糊糊塗塗地過日子。

人生需要計畫

所謂「計畫」，就是目標和行動的組合，把目標訂好，再設計行動去達到這個目標。一般來說，並不是一個行動就可以達到目標，而需要有一連串的行動，甚至是十分複雜的行動組合起來，才可以達到目標，所以需要有周詳的計畫。

例如要成立一家公司，不要說發展，單單是去成立，就要訂出計畫。首先，要決定做什麼樣的生意，即確定行業類

27

別，是服飾業、運輸業、餐飲業、理髮業、文具業、蔬菜業、水果業、百貨業、珠寶業，還是其他？

　　確定好行業類別，便要決定經營的方法，是從事生產、還是批發、或是零售？要使用什麼方法經營，上門推銷，還是簡單地開設門市？若選擇門市為主，那又要決定在什麼地方開設店鋪，在商場開設，還是在辦公大樓內，還是在街上店面？

　　在選址過程中，又要先訂出財務預算，要運用多少資金，當中多少比例可用作租金方面？選好店鋪以後，要決定運用多少資金做裝修，以及決定如何布置。同時又要進貨，和各個不同的貨品供應商做生意，決定進哪些貨。

　　另外，還要聘用員工，計算最多可以支付多少薪水，要聘用多少人，確定營業時間，訂出員工如何放假。還未開業，就要考慮怎樣做促銷工作，設計店鋪的形象等。

　　洛克斐勒在談到人生規劃時，曾說：「做任何生意都要有計畫，實際上，不論是什麼樣的人生目標，你都應好好計劃，有目標就要有實現目標的計畫，計畫決定了如何行動，沒有目標便不可能有計畫，首要是訂出目標，然後才能訂出合適的計畫。」

為實現目標而積蓄能力

　　實現目標需要些什麼，你的計畫會告訴你，因此就要行動以獲得這些條件。不同的目標需要不同的知識及技術做支

援，知識是利器，欠缺知識就不能有所發揮。無論從事哪個行業，都要具備知識，專業人士需要專業知識，商人需要商業知識，管理人士要懂得管理。事實上，情況往往不是這樣簡單，要成功，常常要揉合不同的行業知識。

例如大企業領導人，一方面要善於管理，另一方面又要對自己的企業經營的行業深入了解，甚至是當中的專才。

掌握了基本必備的知識及技術之後，便要在相關的行業中磨練，吸取經驗。同時要把握一切出現在眼前的機會，你並不想長期坐在原有的工作崗位上，因為一個工作崗位給你的視野未必開闊，就算開闊亦有限度，到了某一個階段就要突破跳出來，轉到另一個更佳的崗位上。在那個崗位上掌握了應學的知識以後，又要再轉換。

應該學習一些你需要的知識，使你能夠順利進行計畫。例如：若你想當一個出色的醫生，你不能想當就當，你至少要進入醫學院就讀，然後在醫學院內進行艱苦學習、實習，再正式服務病人，期間仍需努力進修，吸收專業知識，直到獲取專科醫生的資格。

此後，就要把握任何一個醫治疑難病人的機會，累積經驗，盡量利用現有可獲得的知識與技術，等到知識和經驗都非常豐富了，就可以考慮從事研究工作，或是自己掛牌行醫。

這是一個漫長的過程。完成其他的目標亦可能差不多，都要由具備專業知識做起，所以能越早訂出明確的目標，也

就可越早產生周詳的計畫，越有利於及早達到目標。

知道自己該做什麼

一個人成年之後，要做出一生中最重要的一個決定。這個決定將改變自己的一生，影響自己的幸福、收入和健康，這個決定可能造就自己，也可能毀滅自己。這個重大決定是你將如何謀生？也就是說，你準備做什麼，是做一名農夫、郵差、化學家、森林管理員、速記員、獸醫、大學教授，還是去做一個小生意？

對有些人說，做出這個重大決定通常像在賭博一樣。洛克斐勒說：「如果一定要把人生比喻成一場賭博，那麼你就應選擇自己擅長的一種賭博方式。」

首先，如果可能的話，應盡量將「賭注」押在一個自己喜歡的工作之上。對數學有著「不可思議的天賦」的洛克斐勒，「最感興趣的是算術」，他知道自己該做什麼。輪胎製造商古德里奇公司（Goodrich Corporation）的董事長大衛‧古德里奇被問到他成功的第一要件是什麼時，他回答：「喜歡自己的工作。如果你喜歡自己所從事的工作，你工作的時間也許很長，但卻絲毫不覺得是在工作，反倒像是遊戲。」愛迪生就是一個好例子。這個未曾進過學校的報童，後來卻使美國的工業革命完全改觀。愛迪生幾乎每天在他的實驗室裡辛苦工作18個小時，在那裡吃飯、睡覺，但他絲毫不以為

苦。「我一生中從未做過一天工作,」他宣稱,「我每天其樂無窮。」所以他會取得成功!查理·史茲韋伯說:「每個從事他所無限熱愛的工作的人,都能取得成功。」

也許你會說,剛步入社會,我對工作一點概念都沒有,怎麼可能對工作產生熱愛呢?艾德娜·卡爾夫人曾為杜邦公司僱用過數千名員工,她說:「我認為,世界上最大的悲劇就是那麼多的年輕人從來沒有發現他們真正想做些什麼。我想,一個人如果只想從自己的工作中獲得薪水,而別無他求,那真是最可憐的了。」有一些大學畢業生跑到卡爾夫人那兒說:「我獲得了達特茅斯學院(Dartmouth College)的學士學位或是康賴爾大學康乃爾大學(Cornell University)的碩士學位,你公司裡有沒有適合我的職位?」他們甚至不曉得自己能夠做些什麼,也不知道自己希望做些什麼,當然也就得不到卡爾夫人的信任。難怪有那麼多人在開始時野心勃勃,充滿玫瑰般的美夢,但到了40多歲以後,卻一事無成,痛苦沮喪,甚至精神崩潰。

事實上,選擇正確的工作,對我們的健康也十分重要。約翰霍普金斯醫院(The Johns Hopkins Hospital)的雷蒙大夫與幾家保險公司聯合進行了一項調查,研究使人長壽的因素,他把「合適的工作」排在第一位。這正好符合了蘇格蘭哲學家卡萊爾的名言:「祝福那些找到他們心愛的工作之人,他們已無須祈求其他的幸福了。」

拿破崙·希爾(Napoleon Hill)曾和索可尼石油公司的

人事經理、《求職的六大方法》一書作者保羅・波恩頓暢談了一晚。拿破崙・希爾問他:「今日的年輕人求職時,所犯的最大錯誤是什麼?」「他們不知道自己想做些什麼,」保羅說,「這真叫人萬分驚訝,一個人花在選購一件穿幾年就會破損的衣服上的心思,竟比選擇一份關係將來命運的工作要多得多,而他將來的全部幸福和安寧都建立在這份工作上了。」面對競爭日益激烈的社會,我們該如何選擇呢?我們可以諮詢職業顧問,當然他們只能提供建議,最後做出決定的還是你。

其實,多數人的憂慮、悔恨和沮喪,都是因為不重視工作而引起的。約翰・史超域・米爾(John Stuart Mill)宣稱,工人無法適應工作,是「社會最大的損失之一」。是的,世界上最不快樂的人,也就是憎恨自己日常工作的「產業工人」,這些人只是在為工作而工作,如同一部機器。

威康・孟甯吉博士是當代著名的精神病專家之一,他在第二次世界大戰期間主持陸軍精神病治療部門。他說:「我們在軍中發現挑選和安置的重要性,就是要使適當的人去從事一項適當的工作……最重要的是,要使人相信他手上工作的重要性。當一個人沒有工作興趣時,他會覺得他是被安排在一個錯誤的職位上,他會覺得他不受欣賞和重視,他會相信他的才能被埋沒了。在這種情況下,我們發現,他若沒有患上精神病,也會埋下精神病的種子。」一個人如果輕視他的工作和事業,他也會被日常工作「折磨」到精神崩潰。

　　菲爾・強森就是一個好例子。菲爾・強森的父親開了一家洗衣店，他把兒子叫到店中工作，希望他將來能接管這家洗衣店。但菲爾痛恨洗衣店的工作，所以懶懶散散的，提不起精神，只做些不得不做的工作，其他工作則一概不管。有時候，他乾脆「缺席」。他父親十分傷心，認為養了一個不求上進的兒子，使他在員工面前丟臉。

　　有一天，菲爾告訴他父親，他希望做個機械工人 —— 到一家機械廠工作。一切又從頭開始？這位老人十分驚訝。不過，菲爾還是堅持自己的意見。他穿上油膩的粗布工作服，從事比洗衣店更為辛苦的工作，工作的時間更長，但他竟然快樂得在工作中吹起口哨來。他選修工程學，研究引擎、裝置機械。而當菲爾在 1944 年去世時，已是波音公司（The Boeing Company）的總裁，並且製造出 B-29 超級堡壘轟炸機（B-29 Super fortress），幫助盟國軍隊贏得了第二次世界大戰。如果他當年留在洗衣店不走，他和洗衣店 —— 尤其是在他父親死後 —— 究竟會變成什麼樣子呢？他會把整個洗衣店毀了 —— 破產，一無所有。

知道自己不該做什麼

　　「當玫瑰含苞欲放時，必須剪掉它周圍多餘的花苞。」這是洛克斐勒在建立了強大的商業帝國時所說的一句話。他的話在為自己的「托拉斯」壟斷辯解的同時也道出了經營人生的智慧。

　　經營人生，要學會「剪掉」不適合自己做的事情，留下一個適合自己發展的空間。

　　對大部分人來說，如果初入社會就能善用自己的精力，不讓它消耗在一些毫無意義的事情上，那麼就會有成功的希望。但是，很多人卻喜歡東學一點、西學一下，儘管忙碌了一生卻往往沒有培養自己的專長，結果到頭來什麼事情也沒做成，更談不上有什麼強項。

　　明智的人懂得把全部的精力集中在一件事上，唯有如此方能實現目標；明智的人也善於依靠不屈不撓的意志、百折不回的決心以及持之以恆的忍耐力，努力在激烈的生存競爭中去獲得勝利。

　　那些有經驗的花匠習慣把許多快要綻開的花蕾剪去，儘管這些花蕾同樣可以開出美麗的花朵，但花匠們知道：剪去大部分花蕾後，可以使所有的養分都集中在餘下的少數花蕾上，等到這少數花蕾綻開時，就可以成為那種罕見、珍貴、碩大無比的奇葩。

　　經營人生就像培植花木一樣，與其把所有的精力消耗在許多毫無意義的事情上，還不如看準一項適合自己的事業，集中所有精力、埋頭苦幹、全力以赴，這樣才能在這份事業取得傑出的成績。

　　世界上很多的失敗者之所以沒有成功，主要不是因為他們能力不夠，而是因為他們不能集中精力、不能全力以赴地去做恰當的工作，他們把自己的很多精力消耗在無數瑣事之

中。如果他們把瑣事一一「剪掉」，使生命力中的所有「養分」都集中到一個方面，他們就能夠結出那麼美麗豐碩的事業「果實」！擁有一種專門的技能要比有十種心思更有價值，有專門技能的人全心全意地在這門技能上下苦功求進步，時時刻刻都在設法彌補自己此方面的缺陷和弱點，總想到把事情做得盡善盡美。而有十種心思的人就不一樣，他可能會忙不過來，要顧及這一點又要顧及那一個，由於精力和心思分散，事事只能做到「尚可」，結果當然是不可能取得突出成績。

現代社會的競爭日趨激烈，我們必須對自己的一個目標全力以赴，這樣才能取得出色的業績。「君子有所為，有所不為」說的就是這麼一個道理。

第一章　十年以後你是誰

第二章 承擔起自己的責任

我對雇主盡心盡力，就像替自己工作一樣，
我真的希望所有年輕人都知道，只要這麼做
就不用擔心丟飯碗，只有這麼做才會擁有一
個金飯碗。

—— 洛克斐勒

洛克斐勒在 16 歲那年，歷盡了千辛萬苦終於在一家大公司 —— Hewitt & Tuttle 公司找到了一份簿記員的工作。洛克斐勒開始了自己刻板的簿記員生涯，他每天坐在高高的凳子上，埋頭於一大堆散發著霉味的帳本裡。儘管工作乏味單調，但他並沒有感到厭倦。

洛克斐勒對工作盡職盡責、一絲不苟，他毫不掩飾自己對工作的高度責任心。除了抄寫各種信函、記帳及對帳外，洛克斐勒還有一項工作，那就是替 Hewitt & Tuttle 收房租。這份工作讓他的韌性與交際能力得到了極大的鍛鍊。他常常守在債務人的門口，像承辦喪事的人那樣，極富耐心地等待著。他不發怒，一直保持著很好的禮節，但又不屈不撓，這個孩子固執的做法讓欠債人感到棘手，如果不拿出錢來，這個傢伙是不會放棄的。

其實扮演催帳者的角色並非洛克斐勒的長項，他的內心常充滿著焦慮，但他的責任心要求他必須完成工作。因此，他常常感到如果要不到錢，自己可能就活不下去了。

他在 50 年後還對自己當年的這種感覺記憶猶新，可見當時的心理狀態的確不輕鬆。他說：「我常常在醒來時大叫：『我收不到某某人的帳！』」可見他將這份工作看得太重，以致成了心理負擔。不過他卻從來沒有想到過放棄，對一個 16 歲的孩子來說，這也許是促使其迅速成長的催化劑。

洛克斐勒的這份學徒工作給了他最初的商業訓練，
因為它引領洛克斐勒進入了充滿刺激的商業世界。
而他的付出也最終得到了老闆的認可，在白做了三
個月後，洛克斐勒終於領到了 50 美元作為報酬，而
且老闆接著又宣布將他的薪水漲到每月 25 美元，即
年薪 300 美元 —— 這可是一筆不菲的收入。

工作要有責任心

在 Hewitt & Tuttle 公司洛克斐勒總是仔細核查各種帳
單，審查每筆費用的使用是否合理有效，並且認真地驗算
總數。

有一次，在隔壁辦公的老闆交給他一份長長的、未經核
對的管道鋪設費帳單，他竟然從中找出了幾分錢的差錯。洛
克斐勒對於履行支付帳款這一職責時曾這樣說：「對花公司
的錢比花自己的錢還盡心。」

公司有個船長總是報告貨物受損，於是洛克斐勒決定調
查一下。他核查了所有的收據、提單和其他單證，發現這位
船長的說法完全沒有根據，從此船長再也不敢這樣做了。

責任心是事業成功的關鍵因素之一。如果你工作中努力
進取，積極向上，勇於擔起責任，你就向邁進了一步。

你不妨先弄清自己的使命到底是什麼？事業上的使命是
什麼？對自己經濟上的使命是什麼？對自己的本能、身體上
的使命是什麼？在人生最重要的領域當中，讓你自己有一個

使命，你會發現自己的行為開始改變，因為你已經擁有核心思想。

　　舉例說，如果你的經濟使命是要累積財富，在這樣的使命下，你想花錢的時候，通常你會怎麼想？你可能告訴自己：「我必須要存錢。」因為你必須要累積財富。

　　換個例子來說，如果你在人際關係的使命，是要讓他人感覺你很好，你存有這樣的理念時，當別人跟你吵架，或是有爭執的時候，你會立刻修正，因為你的使命是讓別人感覺你很好。以使命為導向的思考模式和行為模式，能讓你突破任何的瓶頸，可以幫助你的生活更有價值，因為你清楚地知道：你自己要什麼，想做什麼，自己扮演的角色是什麼，為什麼會這樣做。

　　使命是需要你自己去尋找的，曾經有人這樣說：「你人生最大的工作，就是去找一份適當的工作；人生最大的使命，就是去找出自己的使命，活出自己的人生。」當你可以讓自己活得更好的時候，就可以像洛克斐勒一樣，散播你的影響力來造福人群，讓更多的人跟你一樣活得更好。

責任心使人卓越

　　許多年以前，倫敦住著一個小孩，他自幼貧病交加，無依無靠，飽嘗了人生的艱辛。為了糊口，他不得不在一家印刷廠做童工。

環境雖苦，但他的志氣卻不短。早就與書報結下了不解之緣的他，常常貪婪地佇立在書櫃前，不停地摸著口袋裡僅存的用來買麵包的幾個先令。為了買書，他不得不挨餓。一天早晨的上班途中，他在書店的書櫃上發現了一本打開的新書，便如饑似渴地讀了起來，直到把打開的兩頁讀完才走。翌日清晨，他又身不由己地來到了這個書櫃前，奇怪，那本書又往後翻開了兩頁！他又一口氣讀完了。他是多麼想把它買下來呀，可是書價太高了。第三天，奇跡又出現了：書頁又按順序地翻開了兩頁，他又站在那裡讀了起來。就這樣，那本書每天往後翻開兩頁，他每天來讀，直到把全書讀完。這天，書店裡一位慈祥的老人撫摸著他的頭頂說：「好孩子，從今天起，你可以隨時來這個書店，任意翻閱所有的書籍，而不必付錢。」

歲月如梭，這個小孩後來成了著名的作家和記者，成為了英國一家晚報的主編。

他之所以自學成功，不僅是因為他酷讀善學，而且也是因為他遇到了一位極富有責任感的人。善良的老人傾注給他的是人間最美好的東西：溫存善良，愛護關懷，鼓勵鞭策。他向身處困境的小孩打開了知識的大門。引導他步入知識的世界，承擔了自己培養年輕人的責任。

對生活的熱愛，對人類、對大自然、對一切美好事物的熱愛，會使一個人意識到自己身負的使命以及應該去承擔的責任，因而努力為社會做出貢獻。

　　沒有責任感的軍官不是合格的軍官，沒有責任感的員工不是優秀的員工。責任感是簡單而無價的。工作就意味著責任，責任意識會讓我們表現得更加卓越。

　　西點軍校章程規定：每個學員無論在什麼時候，無論在什麼地方，無論穿軍裝與否，也無論是在擔任警衛、值勤等公務還是在進行自己的私人活動，都有義務、有責任履行自己的責任感，而這樣做並不是為了獲得獎賞。在任何時候，責任感對自己、對國家、對社會來說，都是不可或缺的。正是這種嚴格的要求，使每一個從西點畢業的學員獲益匪淺。

　　要將責任根植於內心，讓它成為我們腦海中一種強烈的意識。在日常行為和工作中，這種責任意識會讓我們表現得更加卓越。我們經常可以見到這樣的員工，他們在談到自己的公司時，使用的代名詞通常都是「他們」而不是「我們」。如「他們業務部怎麼怎麼樣」，「他們財務部怎麼怎麼樣」，這是一種缺乏責任感的典型表現，這樣的員工至少缺乏對「我們就是整個機構」的認同感。

　　有一個替人割草打工的男孩打電話給布朗太太說：「您需不需要割草？」布朗太太回答說：「不需要了，我已有了割草工。」男孩又說：「我會幫您拔掉草叢中的雜草。」布朗太太回答：「我的割草工已經做了。」男孩又說：「我會幫您把草與走道的四周割齊。」布朗太太說：「我請的那人也已經做了，謝謝你，我不需要新的割草工人。」男孩便掛了電話。此時男孩的室友問他說：「你不是就在布朗太太那裡割草打

工嗎？為什麼還要打這個電話？」男孩說：「我只是想知道我究竟做得好不好！」

多問自己「我做得如何」，這就是責任。

沒有責任感的人得不到他人的信任，也不會成功。有一次，一個年輕男子向一位作家自薦，想做他的抄寫員。看起來年輕男子對抄寫工作是完全勝任的。條件談妥之後，作家就讓那個年輕男子坐下來開始工作，但是年輕男子卻看了看外面教堂上的鐘，然後十分焦急地對他說：「我現在不能待在這裡，我要去吃飯。」於是作家說：「噢，你必須去吃飯，你必須去！你就一直為了今天等著去吃的那頓飯祈禱吧，我們兩個永遠都不可能在一起工作了。」年輕男子曾說過，自己因為找不到工作而感到特別沮喪，但是當他有了一點點起色的時候卻只是想著提前去吃飯，而把自己說過的話和應承擔的責任都忘得一乾二淨。

工作就意味著責任。在這個世界上，沒有無須承擔責任的工作，相反，職位越高、權力越大，肩負的責任就越重。不要害怕承擔責任，要立下定決心，相信自己一定可以承擔任何正常職業生涯中的責任，一定可以比前人完成得更加出色。

世界上最愚蠢的事情就是推卸眼前的責任，認為可以等到日後準備好了、條件成熟了再去承擔。有責任心的人，能夠隨時準備承擔責任，如果有人不習慣這樣去做，那麼，即使等到條件成熟了以後，他也不可能承擔起重大的責任，也

不可能做好任何重要的事情。

　　對工作、對家庭、對親人、對朋友，我們都有一定的責任，正因為存在著這樣或那樣的責任，我們才會對自己的行為有所約束。藉口會使我們忘卻責任。尋找藉口就是將應該承擔的責任轉嫁給社會或他人。而一旦我們有了尋找藉口的習慣，那麼我們的責任之心也將隨著藉口煙消雲散。只要我們不把藉口掛在嘴邊，就能夠做好一切，就能做到盡職盡責。

　　千萬不要自以為是而忘記了自己的責任。巴頓將軍的名言是：「自以為了不起的人一文不值。遇到這種軍官，我會馬上調換他的職務。每個人都必須心甘情願地為完成任務而獻身……一個人一旦自以為了不起，就會想著遠離前線作戰。這種人是真正的膽小鬼。」巴頓想強調的是，在作戰過程中每個人都應付出，要到最需要你的地方去，做你必須做的事，而不能忘記自己的責任。

　　千萬不要利用自己的功績或權利來掩飾錯誤，推卸自己所應承擔的責任。人們習慣於為自己的過失尋找種種藉口，以為這樣就可以逃避懲罰。其實，正確的做法是，承認它們，解釋它們，並為它們道歉，最重要的是還要利用它們，要讓人們看到你是如何承擔責任和如何從錯誤中吸取教訓。這不僅僅是一種對待工作的態度，也是對待生活的態度。

多一盎司定律

著名投資專家約翰・坦伯頓 (John Marks Templeton) 透過大量的觀察和研究，得出了一條很重要的原理：「多一盎司定律」。盎司是英美制重量單位，一盎司只相當於 1/16 磅 (28 克)。但是，就是這微不足道的一點重量，會讓你的工作大不一樣。「多加一盎司」，工作可能就大不一樣。盡職盡責地完成自己工作的人，最多只能算是稱職的員工，如果在自己的工作中「多加一盎司」，你就可能成為優秀的員工。他指出，取得突出成就的人與取得中等成就的人幾乎做了同樣多的工作，他們所做出的努力差別很小 —— 只是「多一盎司」。但其結果，在所取得的成就及成就的實質內容方面，卻經常有著天壤之別。

約翰・坦伯頓把這一定律也運用於他在耶魯的經歷。坦伯頓決心使自己的作業不是 95% 而是 99% 的正確。結果他在大學三年級就進入了美國大學生聯誼會，並被選為耶魯分會的主席，並得到了羅德獎學金 (Rhodes Scholarships)。

在商業領域中，坦伯頓把「多一盎司定律」進一步引申。他逐漸意識到只多付出那麼一點就會得到更好的結果。所以「多一盎司定律」可以運用到所有的領域。實際上，它是使人們走向成功的普遍規律。

例如，把它運用到足球隊，你就會發現，那些多做了一點努力，多練習了一點的年輕男子往往成為了球星，他們在

贏得比賽中發揮了關鍵性的作用。他們得到了球迷的支持和教練的青睞。而所有這些只是因為他們比隊友多做了那麼一點。

在商業界，在藝術界，在體育界，在所有的領域，那些最知名的、最出類拔萃者與其他人的區別在哪裡呢？回答就是：多那麼一點。「多加一盎司」——誰能使自己多加一盎司，誰就能得到千倍的回報。

「多加一盎司」其實並不難，我們已經付出了 99％的努力，已經完成了絕大部分的工作，再多增加「一盎司」又有什麼困難呢？但是，我們往往缺少的是「多加一盎司」所需要的那一點點責任心、一點點決心、一點點敬業的態度和自動自發的精神。

「多加一盎司」其實是一個簡單的祕密。在工作中，有很多東西都是我們需要增加的那「一盎司」。大到對工作、公司的態度，小到接聽一個電話、整理一份報表，只要能「多加一盎司」，把它們做得更完美，你將會有數倍於一盎司的回報。

獲得成功的祕密在於不遺餘力——加上那一盎司。多一盎司的結果會使我們最大限度地發揮天賦。約翰·坦伯頓發現了這個祕密，並把它運用到自己的學習、工作和生活中，因而獲得了巨大的成功。「我已經竭盡全力了嗎？或許我還有一盎司可加嗎？」經常這樣地提問自己，將讓你受益匪淺。

洛克斐勒指出：「一個人如果只為了薪水去工作，此外更無其他較高的動機，那他是不忠實的，而受他欺騙最屬害的人，正是他自己。他就在日常工作的量與質中欺騙了自己。而這種因欺騙而蒙受的損失，日後即使再怎樣的急起直追、振作努力，也是永遠不能補償的。」

你投入到工作中的量與質，可以決定你的整個生命之質。不管薪水如何低微，對一切工作，都願付出至善的服務、至高的努力，而不肯自安於「次好」與「較低」，這種精神的有無，可以推斷出你將獲得成功抑或失敗。

你可以從你對工作的用心中，從工作時的善良精神和高尚的特質中，取得相當高的報酬；這種報酬與雇主所給你的薪水相比較，後者則真是無足掛齒了。他付給你的是鈔票；你付給自己的是可貴的經驗、難得的訓練、效率的增加、自我的表現、人格的建造。

如果一個青年人對工作的考慮僅放在因工作得來的薪水高低上，那麼他真是何等的狹隘、小器，何等的不知輕重啊！

不要以為你的上級不能看出你的努力、功績而不提拔你，假使他要求高效率的雇員做他助手的話（其實又有哪一個老闆不是這樣呢），肯定會在你值得被提升時將你提升，因為這正是他的心願。

在初出校門、踏入社會的時候，不要僅顧及到你的薪水多寡。你應去想這項工作能給予你的種種可能的其他好處：

技巧的提高，經驗的累積及整個生命的充實等其他方面。

老闆給我們做的工作，只是我們用以建構品性、人格的材料。那是一所訓練才幹、擴張精神、增強智力的實驗學校，不是一個用以壓榨出金錢的榨汁機。

許多青年人因所得的薪水，在他們看來低於自己的應得之數，於是便在工作時，故意使工作的產量和品質恰與雇主所給的薪水之數以「兩訖」為度，於是將薪資袋以外的種種宏大的報酬都拋棄了。他們對於工作故意採取一種躲避不及的消極態度。因為不想去獲得那種更重要的「薪水」，他們給予自己盡量少的能力的增長；寧願坐視自己人格能力的不發達，使自己成為一個狹隘、小器、無效率的人，使自己的生命中不含一些宏偉、尊貴、高大的性質的成分。

我們常常看見許多有作為的青年，在低微的薪水條件下工作多年，但某一天卻魔術般地突然躍上一個高等而負重任的位置。為什麼？就因為在他們只獲得極少的薪資的時候，他們在工作上自我多付出了「一盎司」！

世上許多做得極好的工作，都是在「多加一盎司」的推動下完成的。關鍵所在，是要有把工作做好的「一盎司」，並能善始善終。尚‧德‧拉封丹（Jean de La Fontaine）指出：「無論做任何事情，都應遵循的原則是：追求高層次。你是第一流的，你應該有第一流的選擇。」

勇敢扛起失敗的擔子

洛克斐勒曾力排眾議，花幾十萬美元買下了賓州鐵路公司的一支蒸氣船隊。但這支只賠不賺的船隊卻令他捉襟見肘。最後，他不得不將這支船隊停運。

「一切責任在我。」洛克斐勒對他的下屬們說。

無獨有偶，在 100 年後的 1980 年 4 月，美國營救駐伊朗的美國大使館人質的作戰計畫失敗後，當時的美國總統吉米‧卡特（James Earl "Jimmy" Carter, Jr.）立即在電視裡作了同樣的聲明：「一切責任在我。」

「一切責任在我」。這短短的幾個字，表現出一種勇於擔當責任的大勇！在此之前，美國人對卡特總統的評價並不高。甚至有人評價他是「誤入白宮的歷史上最差勁的總統」。但僅僅由於上面的那句話，支持卡特總統的人居然驟增了10%以上。

韋恩博士說：「把責任往別人身上推，等於將力量拱手讓人。」

你必須學會像洛克斐勒和卡特總統那樣承擔起自己行為的責任，你應該積極地尋找任何一點你能夠或應該承擔的責任，要勝任並愉快地承擔起的那些責任，而絕不要透過躲避棘手的事情而逃避責任。

當你尋找額外的責任時，你就會提高自信心和提高完成這項工作的信心。你的上司也會增加對你的信心，增加對你

所承擔的工作的信心。

　　沒有責任的生活就輕鬆嗎？有時候逃避責任的代價可能還會更高。不必背負責任的生活看起來似乎很輕鬆、很舒服，但是我們必須付出更大的代價。因為我們會成為別人手上的球，必須依照別人為我們寫出的劇本生活。

　　生活中最大的滿足就是發掘自己的潛能。

　　如果我們不認為必須為自己負責，則不可能提升自己的影響力。要背負責任的不是國家、不是環境、不是工作夥伴、不是我們所受的教育、不是我們的健康情形、也不是我們的財務狀況，而是我們自己。你可能會說：「等一下，那生病呢？走霉運？被人騙？或是發生意外呢？難道這些都是我們的責任嗎？」

　　你當然不必為所有的事情負責，但是你必須對你對這些事情持有的看法與反應負責。

　　有些事情發生，可能會讓我們的身體疼痛，或者造成經濟上的損害，造成我們的擔憂。但關鍵不是發生了什麼事，而是我們對所發生的事有什麼樣的反應。同樣，不管我們遇到什麼事，或是我們在做決定時，也是如此。

　　責任的意義是，做出好的回答。我們必須對自己的反應與看法負責任，只是人們常常難以承認對自己的反應具有掌控權，尤其是那些負面的自我反應。例如，吵架的時候，我們常會說是別人先起頭的，該負責任的一定不是我。

　　我們的反應就是對整件事的回答，也就是要對這個

回答負責任。責任的英文是 responsibility。其中蘊涵著 response（回答）和 ability（靈巧性）。所以在英語裡，責任的意思就是：靈巧的回答。

生活中，遇到問題時大多數的人都會推卸責任，可是為什麼大家都不想負責任呢？我們常會聽到下面三種原因：

「這都是基因的錯。」

「這都是父母親的錯。」

「這都是環境的錯。」

有個年輕人殺死了兩個人，記者問起他的生活以及他犯案的動機。他告訴記者，他生長在一個「破碎」的家庭中，在他的記憶裡，父親總是喝得醉醺醺的，還打他的母親。他們一家都是靠父親的偷竊所得過活，這也就是為什麼他從 6 歲開始也跟著偷竊的原因了。他在犯下這起殺人案之前，便已因蓄意謀殺被判刑。訪問的最後，他說了這麼一句話：

「在這種條件下，你能期望出現不同的我嗎？」

這位年輕人還有個雙胞胎弟弟。記者知道之後，也前去訪問他，驚訝地發現他與他哥哥是完全不同的人。他是一位律師，享有很高的聲譽，同時還入選社區委員會和教會委員會。已婚的他育有兩個小孩，生活得很美滿。

覺得很不可思議的記者問他這一路是怎麼走過來的。他陳述了與哥哥一樣的家庭背景，但是訪問的最後，他說道：「經歷了多年那樣的生活，我體會到這樣的生活會把我帶往什麼樣的地方去。因此我開始思索，在這種條件下，要如何

創造不同的我呢？」

　　同樣的基因、同樣的父母、同樣的教育與同樣的環境，卻有不同的看法和截然不同的反應，以致產生不同的結果。為什麼在同樣的條件之下的兩個人會走出完全不同的道路呢？或許他們都曾經認識某個人，帶給他們正面的影響力，只是其中的一個把他的話聽進去了，另一個則把他的話當作耳旁風。也或許他們都曾經擁有過一本好書，也開始閱讀這本書，但其中一個繼續讀了下去，另一個則把書束之高閣。最後，他們發展出完全不同的人生方向。

　　無論如何，我們都要扮演負責任的角色，決定我們對某種情況的看法以及反應。想像一下，如果從今天起，每個人的錢都被沒收，一人只能分得 10 萬元，可能不到傍晚之時，就有人少了 6、7 萬元，而有人的錢卻可能增加了。結果幾個星期後，這個世界又回復到原來的樣子，變回有富人也有窮人的世界。研究專家認為，大約一年的時間，金錢的分配又會恢復到原來的情形。

　　「老兵露出身上的槍傷，比衣服上的金質勳章更令人信服與尊敬。」洛克斐勒在一次與女兒聊天時，說出了這樣一句令人深思的話。

第三章　一呼百應的影響力

> 沒有靈魂的精神，沒有行動的才智，沒有善行
> 的聰明，雖說也會產生影響，但它們只會產生
> 負面的影響。
>
> —— 洛克斐勒

什麼是影響力，影響力的本質是什麼？一般認為，影響力是指用一種為別人所樂於接受的方式，改變他人的思想和行動的能力。比如，當一位企業的主管能夠讓不斷抵抗、充滿敵意的員工心悅誠服地接受並積極參與團隊所分配的任務時，這位主管就是在施展其影響力。

政治家運用影響力贏得選舉，企業家運用影響力贏得市場，明星運用影響力打動觀眾，推銷員運用影響力讓顧客乖乖地掏腰包。

甚至我們自己的朋友或家人也會在不知不覺地把影響力運用到我們的身上。當一位母親讓自己那原本散漫怠惰、抱怨不休的兒女快快樂樂地做家務時，這位母親也是在發揮其影響力。

洛克斐勒無疑是 20 世紀最具有影響力的人物之一。他的影響力並非來源於手中誘人的財產，他的影響力來自於個人的魅力。他用無以倫比的影響力鼓舞著身邊的人為共同的事業而努力，並達成願望。他巨額財產帶來的影響力，只不過是一個副產品而已。

如何擁有更大的影響力，是我們每一個人都有必要思考的問題。

做事先做人

　　在洛克斐勒的一生中，不斷有人嚴厲地指責他是個冷漠、惡毒的人。事實是，像許多不愛交往的人一樣，他給不同的人留下的印象各不相同。早年向洛克斐勒出售油桶的一位製桶商告訴艾達・塔貝爾（Ida Tarbell）說：「洛克斐勒很少說話，夥伴們都不喜歡他，大家都怕他，他很孤獨。」但洛克斐勒從來沒有把對待競爭對手的那種殘酷無情地用在自己的雇員身上。為他工作的員工通常覺得他舉止得體，就像家長一樣關懷手下的人。一位煉油廠的工人回憶道：「他無論見了什麼人總是點點頭，打個招呼。那些年，工廠剛起步時，我們經常會面對許多的困難，但即使在那種時候，我也從來沒見過洛克斐勒先生有待人不友好、不和善或者發火的時候。他不論遇到什麼事都不會失態。」洛克斐勒的妹妹瑪麗・安認為，那些關於洛克斐勒脾氣暴躁的說法純屬謠言。她說：「約翰跟任何人都能融洽相處。」確實，如果洛克斐勒不具備某種人格魅力、至少在接人待物方面是如此的話，他也不可能在商界取得如此輝煌的成就。

　　洛克斐勒極其重視自己的員工。在標準石油公司發展初期，普通員工的招聘他都要親自參加（在征服了其他煉油中心後，公司員工人數擴增到了 3,000 人，洛克斐勒已不可能直接參與員工招聘了）。洛克斐勒對自己的帝國的發展充滿信心，他只要發現優秀人才，就會將其招至麾下，不論當時是否需要。

　　洛克斐勒比技術專家要高明許多。他有一種吸引員工團結在自己周圍的魔力，他是個善於鼓勵人的領袖，他尤其欣賞社交能力出眾的管理人員。「與人交往的能力，就像咖啡和糖一樣，是可以買到的商品。」他曾說，「而且我為這種能力所付的錢比買世上任何其他東西付的錢都要多。」

　　洛克斐勒熱衷於健身，在公司財務部擺了一架供他鍛鍊用的木頭和橡膠做的健身器。有天早上他來健身時，一名年輕的會計沒有認出他來，向他抱怨說那臺健身器是個討厭的累贅，要求把它拉走。洛克斐勒說了聲「好吧」，就叫人把它拉走了。過了幾天，那個年輕人知道了他斥責的人是老闆，心裡害怕極了，但他卻並沒有因為這件事受到任何訓斥。

　　許多雇員都說洛克斐勒從來沒有發過脾氣、提高過嗓門、說過汙言穢語或是有過什麼不文雅的舉止。他不同於那些典型的盛氣凌人的商界大亨，員工們對他的評價普遍很高，覺得他做事公平，待人友好大度，沒有大老闆的架子。

　　身為老闆或位居高位者，對下屬頤指氣使者不乏其人，似乎只有這樣才能彰顯權威，鞏固自己的地位。其實這種做法就像暴徒用手槍威脅他人，別人儘管照做，但從內心是抗拒的。這種人的影響力只是一個貌似強大的空殼，沒有真正的影響力。

能容忍他人犯錯

卡萊爾說：「一個偉大的人，會以他對待小人物的方式來表達他的偉大。」這句用在洛克斐勒身上真是無比貼切。

宗教家康庇斯曾經寫過這麼一段話：「很少有人會以衡量自己的天平，來衡量別人。」我們自己的過失和別人的過失相比，似乎算不了什麼。當我們做了一件令自己覺得羞愧的事，使自我形象縮小到一文不值時，我們總會找到一個代罪羔羊——我們責備自己的良心。我們會說：「我的良心在折磨我。」然後我們很快就寬恕了自己。

但是當別人犯了錯誤或表示憤恨時，我們是很快地把他貶得一文不值。更有甚者，我們往往抓住了別人的一次謊言，而忘記了自己曾經說過的無數次的謊言。必須記住：每個人都會犯錯誤，我們是善良與邪惡、成功與失敗、信心與失望、友情與孤獨、勇氣與恐懼的混合體。人之所以相同，在於他們一生中有偉大的時候，也有渺小的時候。因時而異，唯有經由寬恕，我們才能發現，在我們一生當中，偉大的一面占據了絕大部分的時光。

每個人都會認為自己是最正確的，但是，到底誰才是最正確的，這個問題不能單由一己之觀點來評判。所以，如果因為和自己的想法不同，就認為對方是傻瓜；因為和自己的追求不同，就認為對方是一個不可救藥的人，甚至加以迫害，這樣的做法實在叫人難以苟同。

　　每一個人都會僅按照自己的思考去行動，每個人都應該有著自己的追求，這是無可指責的，這也是一個正常社會的標準。

　　鮑勃‧胡佛是一位著名的試飛員，並且常常在航空展覽中表演飛行。有一天，他在聖地牙哥航空展覽中表演完畢後飛回洛杉磯。正如《飛行》雜誌所描寫的，在空中 300 英尺的高度，兩具引擎突然熄火。由於他熟練的技術，他操縱著飛機著陸，但是飛機嚴重損壞，所幸沒有人受傷。

　　在迫降之後，胡佛的第一個行動是檢查飛機的燃料。正如他所預料的，他所駕駛的第二次世界大戰時的螺旋槳飛機，居然裝的是噴氣機燃料而不是汽油。

　　回到機場以後，他要求見見為他保養飛機的機械師，那位年輕的機械師正為所犯的錯誤而難過。當胡佛走向他的時候，他正淚流滿面。他造成了一架非常昂貴的飛機的損失，還差一點使 3 個人失去了生命。

　　你可能會想像胡佛必然大為震怒，並且預料這位極有榮譽心、事事要求精確的飛行員必然會痛責機械師的疏忽。但是，胡佛並沒有責罵那位機械師，甚至於沒有批評他。相反，他用手臂抱住那個機械師的肩膀，對他說：「為了顯示我相信你不會再犯錯誤，我要你明天再為我保養飛機。」

多鼓勵，少訓斥

　　無論是在工作中、或是在生活裡，每個人都難免會犯這

樣或那樣的錯誤，這可以說是人生中不可避免的事情。然而，當你面對一個犯了錯誤的人時，採用什麼樣的方式去糾正他的錯誤，卻有著很多值得商榷的地方。如果你喜歡直接地指出別人的錯誤，有時候非但不能使他改正，反而可能會令對方對你產生誤解或怨恨心理。所以，用表揚的方式糾正別人的錯誤是值得人們學習的。

洛克斐勒曾有一個 19 歲的年輕祕書，這個祕書剛開始工作時，工作經驗幾乎等於零，可是洛克斐勒認為，一個什麼都不懂的人只要願意學習，總比那類自以為聰明無比、學識超群的人的表現要強得多。

有一次，祕書在工作中犯了個錯誤，洛克斐勒正要批評她，向她指出錯誤時，卻意識到這種做法很不好。洛克斐勒對自己說：「洛克斐勒，你不能那樣做。想一想，你在年齡上比她大了不止 2 倍；工作經驗上她比你差遠了，你用你的標準，你的要求，你的眼光去要求一個比你在能力上相差甚遠的人去做她能力範圍外的事情，你的想法可能太主觀了。」

之後，祕書又出了一次錯，洛克斐勒對她說：「妳出了個錯，不過說老實話，年輕人嘛，偶爾犯個錯也是難免的。當初我也是妳這麼大時，有時候犯的錯誤比妳嚴重得多。如果妳在以後的工作中能避免同類錯誤的再次發生，我會很高興的，好好做吧，年輕人。」

洛克斐勒表揚的話語使年輕的祕書感受到溫暖，她的工作積極性一直很高，而且進步也很快。短短幾年後，她就成

為洛克斐勒的得力助手。由於種種原因，當年輕的祕書離開洛克斐勒時，她滿含熱淚地對洛克斐勒說：「您是我的老闆，多謝您這幾年對我的關心和培養，我現在已經掌握了祕書工作的一切知識，這與您的幫助是分不開的。這幾年來最讓我感動的是每當我犯了錯誤時，你總是能原諒我，並且也總是用我和您過去相比較來說明我能做好我的工作，這使我很受鼓舞，我從您這兒不僅學到了本職工作所需的專業知識，還學到了不少關於人際交往的知識。」

「我聽了她的話感到很欣慰，」洛克斐勒在回憶往事中說道，「這足以證明我的這一方法是有用的。」

也許有人認為，下級犯了錯誤，身為領導只有嚴厲地批評才能得到很好的效果，這也是一種方法，因為這樣的例子存在著；可是婉轉地糾正別人的錯誤的看法可能會收到更理想的效果。

波音公司的一個部門經理有一次大發雷霆，原來他看到了一份報告上有一個錯別字，那是個拼寫錯誤，有人把 Believe 寫成了 Beleive。

這位經理很精明能幹，可是卻有個怪毛病，他的眼睛裡容不得任何一個拼寫錯誤，於是他叫來了那個寫錯字的工程師。

整個走廊裡都能聽得見部門經理的聲音：「你連這麼點錯誤都會犯，你到底讀過書沒有？怎麼可能在 I 的前面，記住，I 永遠在 E 的前面。」

可是，沒過幾天，那位可愛的經理又發現了拼寫錯誤，而且還是出自同一人之手。

這次，經理被徹底地激怒了，他叫來了那個「屢教不改」的工程師，怒不可遏地向他咆哮道：「你的耳朵長在頭上了嗎？為什麼我說了你不聽？」

那工程師很平靜，說道：「你不是說 I 永遠在 E 之前嗎？」經理說：「看來你是明知故犯了。」

工程師二話不說，隨手從桌上拿起那份文件，把上面的 Boeing 字樣一筆勾去，寫成了 Boieng。

還有一個與之相反的例子。

奧立佛是美國佛羅里達州某公司的總工程師，他發現他新僱的祕書有些問題，每次當他口述的計畫或資料被列印好送來時，他總會發現至少有 2-3 個拼寫錯誤。

由於奧立佛工作態度很認真，從來不允許自己在拼寫上犯一點點錯誤，所以，他特意地準備了一個小字典，當他面對某個陌生的字或因長久不用拿不準其拼法的字的時候，他都會查一查，直到弄清楚為止。

現在，他的祕書犯了拼寫錯誤，他不能允許這事再次發生。但奧立佛是個溫和的人，他決定用一種委婉的方法使他的祕書意識到自己的錯誤，並在實際的工作中加以改正。

他坐在祕書身邊看著她打字，當她打出錯字時，他就對她說：「不知怎麼的，我總覺得這個字不太對勁，我對這個字感到特別不舒服。」說著他把資料翻了兩頁又繼續說：「這

個字我也覺得頭疼，我平常總是翻字典的，我不想在拼寫這個問題上出任何錯誤。因為，如果我在給別人的信上出了錯，別人會認為我的水準不行，所以我特別注意。」

自從那次談話以後，奧立佛的女祕書的拼寫錯誤率大大降低了。

由此，我們可以看出，兩種不同的處理方式導致了兩種不同的結果。

沉默代表著力量

洛克斐勒認為沉默代表著力量。只有內心虛弱的人才會隨口亂講，喋喋不休，而謹慎的商人則守口如瓶。「成功來自多聽少說」和「只說不做的人就像是長滿荒草的花園」是洛克斐勒最喜歡的兩則箴言。洛克斐勒常常在談判中將他那中西部人典型的沉默寡言發揮得恰到好處，這令對手們不知所措，只好對他的意圖亂猜一通。

洛克斐勒不願把自己的想法和盤托出，這使得他身邊的助手覺得他難以理解。其中一位寫道：「他總是長時間沉默不語，甚至看不出他是在表示反對，這有時真讓我們無所適從。」他擅於保守祕密，把自己的臉磨練得像戴著一副毫無表情的面具一樣，下屬送電報給他時，竟然無法從他的臉色上看出消息是好還是壞。

侃侃而談，引經據典，是一種影響力；一言不發，也同

樣有其無與倫比的影響力。一個冷靜的傾聽者，不但到處受
人歡迎，而且會逐漸知道許多事情。而一個喋喋不休者，像
一艘漏水的船，每一個乘客都希望趕快逃離它。同時，多說
招怨，瞎說惹禍。正所謂言多必失，多言多敗。

有人說言語是一種卑賤的東西，一個說話隨便的人，一
定沒有責任心。話多不如話少，話少不如話好，多言不如多
知。即使千言萬語，也不及一件實事留下的印象那麼深刻。
多言是虛浮的象徵，因為口頭慷慨的人，行動往往吝嗇。有
道德的人，絕不泛言；有信義者，必不多言；有才謀者，不
必多言。多言取厭，虛言取薄，輕言取侮，保持適當的緘
默，別人將給予你更多的尊重。

一個人說得少而且說得好，便會被人視為紳士。因此，
在我們的人生中，有兩種本領是不可少的，那就是沉默的能
力與優雅的談吐。如果我們擁有機智談吐的口才，卻不會適
時沉默，便是很大的缺憾，也是令人惋惜的。

言多必失，人常因話說得太多而後悔，所以當你對某事
無深刻了解的時候，最好還是保持沉默吧！

少說話固然是美德，但是，人既然在社會中生活，就必
須說話，而不能不說話。既然要說話，怎樣說才好呢？在任
何地方和場合，最好能少說話，要說話則說自己經歷過的感
慨之話，說心靈深處的衷心之話，說自己有把握的話，說能
夠啟迪人的話，說能警戒人的話，說能教育人的話，說溫暖
的話，說能使人排憂解難的話。

　　自己無把握做到的話不要說，言不由衷的話不要說，傷人的話不要說，無中生有的話不要說，惡言惡語不要說，傷情感的話不要說，造謠的話更不要說，粗言穢語不要說。

　　若是到了非說話不可時，那麼對你所說的內容、意義、措詞、聲音、姿勢，都不能不加以注意。什麼場合，應該說什麼，怎樣說，對這些內容都應該加以研究。無論是探討學問，接洽生意，交際應酬，娛樂消遣時，每每從我們口裡說出的話，一定要有重點，要具體、生動。不鳴則已，一鳴驚人，雖未必能達到這個境界，但我們只要朝這個目標走去，是會有發展、有收穫的。

　　必須知道，為了保持你的話被人所重視，永不使人討厭，唯一的祕訣是說適量的話，恰當的話。說適量的話能使你靜靜地思索，使你說出的話更精彩，更動人。

　　做一個有耐心的聽眾，是使談話藝術能力充分發揮的一項重要的條件。因為能靜坐聆聽他人意見的人，必定是一個富於思想和具有謙虛、溫和性格的人。這種人在人群之中，起初也許不大受人注意，但最後往往是受人尊敬的。因為他虛心，所以為任何人所喜歡；因為他善於思維，所以被眾人所信任。

　　那麼，怎樣才能做一名良好的聽眾呢？主要是真誠。別人和你談話的時候，你的眼睛要注視著他。無論對你說話的人地位比你高或低，眼神的注視是一件必要的事情，只有虛浮、缺乏勇氣或態度傲慢的人才不去正視別人。

當別人對你說話時，你不可做著一些絕無必要的工作，這是不恭敬的表示。而且，當對方偶然問你一些問題時，你就不會因為沒留心他所說的話而無所適從。

同時，傾聽別人的話時，偶然插上一兩句同情的話是很好的；對對方所講不完全明白時加上一句問話也是非常重要的，因為這樣做正是表示對他的話留心。但應注意不可把發言的機會搶過來，就滔滔不絕地說自己的。除非對方的話已告一段落，對此問題不再開口了，你才可以自己把話接下去。或當對方讓你說話的時候才可以這樣做。一另外，無論他人說什麼話，最好不要隨便糾正他的錯誤，若因此而引起對方的反感，那你就不是一個良好的聽眾。如果要提出意見或批評，就要講究時機和態度，不要太莽撞。不講究方式和方法，無疑會將好事變成壞事。

有些人常喜歡把一件已經對你說過好幾次的事情再說一遍，因為這是深埋在他心裡最難忘的事情，或比較得意，令他高興；或者比較傷心，令他不快。也有些人會把一個笑話說了多次後還當新鮮的東西，在這種情況下，身為聽眾的你，要有一種忍耐的美德。你不能對他說：這件事你已對我說過好幾遍了。這樣做會傷害他的尊嚴，你唯一應該做的事是耐心地聽下去。你心裡應該明白，他是一個記憶力不好的人，你應該同情他，而且他是表示對你的好感和信任。

如果說話的人滔滔不絕，而你又毫無興趣，覺得用時間和精力去應酬他十分不值得的時候，你應該用婉轉的方法使

他停止這乏味的話題，但最重要的是，不可傷害他的自尊。最好的方法是巧妙地引開他的話題，而談別的話題，這個新的話題最好是他所不喜歡的題目。

遇事要冷靜

有一次，一位氣急敗壞的承包商闖進洛克斐勒的辦公室，對著洛克斐勒暴跳如雷、大喊大叫。面對此境洛克斐勒卻無動於衷地低頭伏在辦公桌上繼續自己的工作，直到那個承包商精疲力盡時才抬起頭來。這時，洛克斐勒靠在座椅裡左右轉著，看著對方冷冷地問道：「我沒聽清你剛才說了些什麼，你能再說一遍嗎？」

洛克斐勒超乎尋常的冷靜讓每個接觸過他的人都留下了深刻的印象。洛克斐勒儘管把自己的意志力磨練成了達到其目的的有效方法，但仍然不失是個性情溫和的人。正如他自己所說：「不管你現在說出或做了哪些讓人無法容忍的事情，也休想看出我有絲毫的衝動。」他總是以自己的脈搏低於常人為榮 —— 每分鐘只有 52 次。

做情緒的主人

9 月 7 日，世界撞球冠軍爭奪賽在美國紐約舉行。路易士·福克斯的得分一路遙遙領先，只要再得幾分便可穩拿冠軍了。就在這個時候，他發現一隻蒼蠅落在白球上，他揮

手將蒼蠅趕走了。可是，當他俯身擊球的時候，那隻蒼蠅又飛回到白球上來了，他在觀眾的笑聲中再一次起身驅趕蒼蠅。這隻討厭的蒼蠅破壞了他的情緒，而更為糟糕的是，蒼蠅好像是有意跟他作對似的，他一準備擊球，它就又飛回到白球上來，引得周圍的觀眾哈哈大笑。路易士‧福克斯的情緒惡劣到了極點，他終於失去了理智，憤怒地用球桿去擊打蒼蠅，球桿碰動了主球，裁判判他擊球，他因此失去了一輪機會。之後，路易士‧福克斯方寸大亂連連失分，而他的對手約翰‧迪瑞則愈戰愈勇，最後奪走了冠軍桂冠。第二天早上，人們在河裡發現了路易士‧福克斯的屍體，他投河自殺了！

　　一隻小小的蒼蠅，竟然擊倒了所向無敵的世界冠軍！路易士‧福克斯奪冠不成反被奪命，這是一件不該發生的事情，其教訓可謂深刻。

不要做口舌之爭

　　在應酬過程中，每個人都會遇到不同於自己的人，大至思想、觀念、為人行事之道，小至對某人、某事的看法與評判。這些程度不同的差異可能會轉化成人與人之間的爭執與辯論，任何獨立的，有主見的人都應正視這個問題。

　　留心我們的周圍，爭辯幾乎無處不在。一場電影、一部小說能引起爭辯，一個特殊事件、某個社會問題能引起爭辯，甚至，某人的髮式與裝飾也能引起爭辯。而爭辯往往留

給人們的印象是不愉快的，因為它的目標指向很明白：每一方都以對方為「敵」，試圖以一己的觀念強加於彼。

　　所以，這種辯論不適合於個人與個人之間，但如果是用於團體，像辯論會似的，又應另當別論。比方：由於最近發生的某個社會問題而引起兩者間的爭論，最後，雖然是因為你用某事件或某理論來證明你的意見是正確的，你也透過爭論的方法達到了勝利的目的，而對方也已啞口無言了，但你卻萬萬不可忽略了這一點，他不會因這就放棄他的思想來信奉你的主張。

　　因為，在對方心裡所感覺到的，已經不是誰對誰錯的問題，而是他對於你駁倒他懷恨在心，因為他的自尊心沒有了。

　　這樣看來，你雖然得到了嘴巴上的勝利，但和那位朋友的友情，卻從此一刀兩斷。比較之下，你會不會覺得，當初真是有些欠考慮，僅僅為了口舌之爭，而得罪了一個朋友 —— 如果那位朋友氣量小，說不定他正在伺機報復呢！

　　有些人在和朋友鬧翻之後，明知大錯已經鑄成，卻故作不後悔狀，還經常這樣認為：「這樣的朋友不要也罷。」其實這對自己又有什麼好處呢？而壞處卻很快可以看到，因為和別人結上怨仇，你就少了一位傾吐心事的人。

　　僅爭一時的口舌之勝，卻沒有實際利益的獲取，這種行為在經商活動中更是大忌。對這種現象我們應該盡一切可能去避免。

在爭辯過程中，我們應該清楚以下幾個事項：

· **這次爭辯的意義**：如果是一些很不相干的小事情，我們還是避免爭論為妙。

· **這次爭辯的欲望是基於理智還是感情上（虛榮心或表現欲等）**：如果是後者，就不必爭論下去了。

· **對方對自己是否有很深的成見**：如果是的話，自己這樣豈不是雪上加霜。

· **自己在這次爭論當中究竟可以得到什麼**：又可以證明自己的什麼。

心理學家高伯特曾經說過：「人們只在不關痛癢的舊事情上才『無傷大雅』地認錯。」這句話雖然不勝幽默，卻是事實。由此，也可以證明：願意承認錯誤的人是少的 —— 這就是人的本性。

如果有件事值得我們去爭論，但是在這過程中，我們仍需時時把握住自己。因為在爭論中最容易犯的毛病，就是常常會自認為自己的觀點才是世界上最正確的，只顧闡述自己的觀點，而忽略了要耐心地去聽取別人的意見。

忽略這點往往會使善意的爭論變成有針對性的爭論。需要強調的是：這種現象是很危險的，也很常見。因為即使最善意的爭論，也是由於雙方的觀點有分歧引起的，所以，在一開始，雙方就是站在對立的立場上，對於對方的論點，就會採取一種缺乏分析的態度，而一味地表述自己的看法。

　　這樣，爭論的過程中就難免會情緒激動，面紅耳赤，甚至去翻對方的陳年老帳。所以，當雙方都各執己見，觀點無法統一的時候，自己應該會把握自己，把不同的看法先擱置下來，等到雙方狀態較冷靜的時候再辨明真偽。也許，等到你們平靜的時候，說不定會相顧大笑各自的失態呢。

　　而當你勝利的時候，你也應該表現出自己的大將風度，不應該計較剛才對方對你的態度。爭辯是一件事，而交情又是一件事，切切不可混為一談。

　　爭論結束後，你也應該顧及到對方的面子，可以給對方一杯茶，抑或是向他求索一點小幫助，這樣往往可以令他重返愉快的心理。

　　人性其實都是脆弱的，易被擊垮但也易被撫平，關鍵在於你的一兩句話，可以發揮平衡心理的作用。

　　感情是人的優點，但同時也是弱點，利用這種優點，往往可達到事半功倍的效果。

要穿著得體

　　每天早上，洛克斐勒 9 點 15 分準時來公司上班。他衣著考究、黑瑪瑙色的襯衫袖口鏈扣上刻著一個漂亮的字母「R」。洛克斐勒儘管出身於生活節儉的農村家庭，對衣著卻非常講究，這一點出乎很多人的意料。「洛克斐勒先生有一種沉穩高貴的氣質，」一名職員回憶道，「他的衣著總是一塵

不染 —— 就像是剛從包裝盒裡拿出來的一樣。他總是戴著手套，提著雨傘，頭上是一頂絲質禮帽。」洛克斐勒非常注意皮鞋是否擦得乾淨，他竟然為每個辦公套房免費配備了一套擦鞋用具。

洛克斐勒對服裝的關注，是有其道理的。

儘管我們從小就一再被告誡：「不要憑穿著打扮取人。」但我們卻不得不承認：那些紡織品和皮革製品對我們判斷他人有著非常重要的影響。

據社會心理學家估計，第一印象的 93% 是由服裝、外表打扮和非語言的資訊組成的。服飾是社會人用來傳送語言所無法傳遞的資訊的一個有力的工具，是文明社會人們交流溝通的重要方法。

好服裝能增加成就感，它能讓你表現得自豪、沉著、優雅出眾！

服裝的暗示作用

在刑事案件中常有很多騙子以換裝來作為行騙方法的案例。這些騙子像變色龍一樣，一會兒變成醫院的白色，一會兒變成傳教士的黑色，一會兒變成軍隊的綠色，一會兒又變成員警的藍色。哪一種顏色對他們最有利，他們就變成哪一種。當受害者意識到權威的服裝只是騙子的道具時，往往已經為時太晚了。

另外，一種穿著對權威地位的暗示雖然沒有制服那麼直

接，但也相當有效，這就是在我們的文化傳統中一直與權威地位關聯在一起的衣著：剪裁合身的服裝。在很多情況下這種穿著也能相當有效地贏得陌生人的尊敬。

社會心理學家曾做過一系列實驗：

· 調查了 1,632 個人，讓人們看同一個人的兩張照片，並宣稱這是一對孿生子。一個穿著代表中上階層的風衣，一個穿著代表中下階層的黑色風衣。結果 87% 的人認為身著中上階層風衣的人是個成功者。

· 讓 100 個 25 歲左右的出身於美國中部中上階層的年輕大學畢業生中的 50 個人穿得像中上階層出身，50 個穿得像中下階層出身，並把他們派到 100 個辦公室中，聲稱是新來的公司助理，以此去檢驗祕書對年輕人工作的合作態度。讓這些年輕人分別給祕書下達「小姐，請把這些資料給我找出來，我在 ×× 先生處」的指示，然後扭頭就走，不給祕書回答的機會。其結果發現，只有 12 名穿中下階層服裝的人得到了資料，而有 42 位穿中上階層服裝的年輕人得到了資料。顯然，祕書們願意聽從那些穿中上階層服裝的年輕人的指令，並與他們配合。

· 讓一個中年男人在幾個地方違反交通規則穿過馬路。在一半的時間中，他穿著一套燙得很平整的西服，繫著領帶；而在另一半的時間中，他穿著牛仔襯衫、工作褲。然後研究者們從遠處觀察，統計街角等著過馬路的人中跟隨他穿過馬路的人數。結果發現，當他穿著西裝的時

候，跟在他身後違反交通規則的人簡直是成群結隊。

人們本能地透過外表來判斷、衡量一個人的出身和地位，並且這個判斷決定了人們對你的態度。毫無疑問，上述的祕書們對服裝本身並沒有異議，但服裝象徵了穿衣人所代表的階層，而這樣的象徵影響著人們在社會上進行交往時留給別人的可信度、別人對他的態度和在需要與人配合時的效率。

你就是你所穿的

西方有句俗語：「你就是你所穿的！（You are what you wear!）」這也是人類無法改變的天性。

在遠古時代服裝最基本的功能是禦寒，遮體是它作為文明的象徵。在有了階級的社會裡，尤其是在現代社會中，它的最大功能是自我展示和表現成就。這也是為什麼很多成功人士不惜花費大量的時間和金錢選擇那些能讓他們展現出最好風采姿態和成就的服裝的原因。服裝在無聲地幫助你交流、溝通、傳遞你的資訊，告訴人們你的社會地位、個性、職業、收入、教養、品格地位及發展前途等等。

服裝在視覺上幫助人們建立起自己的社會地位。在大部分社交場所，你要想成為看起來就屬於這個階層的人，就必須穿得像這個階層的人。正因如此，很多豪華高貴的國際品牌的服裝，雖然價格高得驚人，但卻不乏出手不眨眼的消費者。人們把優秀的服裝與優秀的人、豐厚的收入、高貴的社

會身分、一定的權威、高雅的文化品格等相關聯，穿著出色、昂貴、高品質的服裝就意味著卓越的成就。我們不妨想一想自己身邊的人，那些穿著不凡而出眾的人，也自然會讓我們對他另眼相看。

服裝在事業上的作用不但不可忽略，而且相當重要。在選擇或者提拔職員時，如果面臨著競爭，我們可能更容易傾向於那個穿著出色者，那個穿著服裝讓人信任者。

魅力領袖的出眾條件之一是他們具有與身分相符的穿著。甘迺迪的英俊與傑出的外表，被當時的《紐約時報》認為「他設立了時尚的標準」，「他創造了美國人心目中英俊的形象」。服裝設計師利麗・達舍評價他的風格有著「義大利的品味、大不列顛的冷靜、美利堅的風格」，「我們的總統有著如此完美的內外結合」。

世界著名心理學家及演講培訓專家凱利教授發現：在高中女孩的友誼中，穿衣是最重要的，其次是個性，再其次是共同的興趣。因而，他發現服裝是強烈、顯著的信號，它向社會提供有關人們的一切資訊；服裝也是有利的溝通工具，它用最為直接的方式讓我們運用它順利地與人交往。

美國形象大師喬恩・莫利經過 26 年對服裝的研究，得到了一個關於服裝的最簡單的結論，那就是：「我們的穿著服裝影響著外界對待我們的態度」。透過實驗，他發現不同的服裝能讓人們得到不同的待遇。穿著像個成功的人，就能讓你在各種場所得到尊敬和善待。因而，他認為，穿著能夠幫助

你在事業上獲得成功。

在美國負責替法庭選陪審團的專家米里修斯‧福斯特曾做了個調查，他發現陪審團成員傾向於相信那些穿著服裝得體，看起來有教養、有權威的、可以讓人信任的人。即使是惡魔般的被告人，如果能展示可信的形象給陪審團成員，他甚至會被認為是無罪的。因而律師不但自己努力利用穿著以贏取法官和陪審團的信任，也勸告被辯護人和證人以可信的形象出庭。

第一印象多來自於衣著

在歐美國家的法庭上，律師們為取得陪審團和法官的信任，他們會在西裝上精心設計，以展示一個最有力、最可靠的形象。統計調查發現，犯罪嫌疑人由於穿著出色而留給陪審團一個可信的形象，常常會被無罪釋放；而由於穿著不良而留有不可信的印象的嫌疑人會讓陪審團相信他們很可能犯下被指控的罪狀。

美國勃依斯公司總裁海羅德說：「大部分人沒有時間去了解你，所以他們對你的第一印象是非常重要的。如果你給人的第一印象好，你才有可能開始第二步，如果你留下一個不良的第一印象，你必須花費更多的時間才可抹去壞印象。」

商業交往中，第一印象也非常重要。企業家的服飾直接對社交中的第一印象產生重要的影響。

一位企業家這樣說道：「在商界，企業家最初的合作看什

麼？其實很大的成分是看衣著。有一次，我想開發一種新的產品，一位朋友介紹一個合作夥伴給我。見面的那天，他穿著西裝，裡面沒穿襯衫，只穿了一件圓領衫，手裡拿著一支手機。

我當時看著就很彆扭。你想想，西裝是多正式的穿著，他穿了件圓領衫來配。還拿著手機。典型的暴發戶形象，我當時就決定不與他合作。後來，朋友說，他真的很有錢，而你正缺錢。我說，我缺錢不假，可是合作夥伴這個人才是主要的。他出錢便要參與管理，要與我共同決策，他的水準會直接影響到我的生意，所以我不選擇他。」

這位企業家僅憑第一印象選人是對是錯姑且不論，但從這則故事中可以看出，第一印象確實非常重要。因為，觀察人的法則是由遠及近，由視覺觀察到聲音交流，再到皮膚感覺（如握手、擁抱）。遠遠看去，一個人穿著衣服、戴著帽子看著就彆扭，那麼許多人心中便會產生一種反感。在人們的印象中，一名修養較高、精明幹練的企業家，絕對應該是衣著得體的；而一名衣服不合體、搭配不合理的人，人們很可能懷疑他的能力。他連自己的衣著都管理不好，又怎麼能夠管理一個大的企業。

衣著的品格地位同樣適用一個說明人格地位的詞彙──表裡如一。一套廉價大方的服裝除了說明你的高層次品味以外，不會提醒人們注意它值多少錢。只有那種在整體感上失去平衡的衣飾才令人感到厭惡。

超凡絕倫的經營才能

　　毫無疑問，對於生意場上打拼的人來說，其影響力的大小，在很大程度上來自於企業自身的大小。企業一旦做大做強，對外可增加自己的發言權，對內可以產生員工的信服感 —— 這些都是影響力。

　　而企業要做大做強，離不開經營者的經營才能。所以，經營者才能的高低，也決定了經營者的影響力大小。

　　當年，洛克斐勒不得不受制於運輸巨頭，他深知，只有自己徹底突破運輸的瓶頸，才有可能做大做強。

　　對石油業來說，運輸是極為關鍵的一環。由於石油從開採、冶煉到使用，其間要經歷長途運輸，所以，對煉油商而言，他們不得不隨時與鐵路公司打交道。

　　從一開始進入石油業，洛克斐勒就一直在與鐵路行業的巨頭們鬥智鬥勇。後來，隨著他在煉油業霸主地位的確立，在與鐵路公司的談判中，他發揮出了作為大貨主的優勢。不過，洛克斐勒對此並不滿意，他認為，如果想徹底擺脫鐵路運輸巨頭的掣肘，就必須設法巧妙地運用鐵路業的基礎設施。

　　當時，大多數鐵路公司都有這樣的顧慮，擔心有一天油田枯竭，不敢對石油運輸設施進行大量投資。洛克斐勒利用鐵路公司的這種心理，在 1874 年 4 月，與伊利鐵路公司（Erie Railroad）達成了一項協定。

　　這項協定的內容是：如果標準石油公司用現代化設施裝備調車場，以加快向新英格蘭和南方地區的石油運輸速度，並將其所屬的西部煉油廠產量的 50% 交給伊利公司運輸，則伊利公司將新澤西州威霍肯（Weehawken）車站的控制權轉讓給標準石油公司。

　　這項協定讓洛克斐勒受益良多。從此，他不僅能夠得到伊利公司的運費優惠，還可以掌握競爭對手在全國的石油運輸情況。雖然洛克斐勒在運輸設施上進行了大量投資，花費頗多，但他卻擁有了一個讓所有對手恐懼的撒手鐧，那就是他可以利用自己對鐵路公司的控制，隨心所欲地封鎖競爭對手的產品出口。

　　許多人認為，作為一種公共交通工具，鐵路公司應當對所有客戶都一視同仁。但事實並非如此，作為企業，鐵路公司有權對自己的某些行為做出調整。

　　就如洛克斐勒所說的那樣：「我從來沒聽說過在其他行業裡，會有競爭者因為不能利用對手的資本和設施為自己謀利而做出不利於對方的事情。」

　　在洛克斐勒看來，自己在投入了巨額的資金之後，便理應享受由此而得來的便利和特權，別人不該對此忿忿不平。

　　在與伊利公司的這項協定實施後，其他鐵路公司也意識到，只有與洛克斐勒密切合作才是上上之策。他們紛紛熱情地要求與標準石油公司談判，用最優厚的條件爭取這個大客戶。

很快，洛克斐勒就與鐵路公司的巨頭們達成協定，此後他幾乎控制了伊利公司和紐約中央鐵路公司的全部石油運輸。

石油運輸的方式幾經變革，商人們也一直在尋找更節省、更高效率的運輸方式。洛克斐勒意識到，隨著石油業的發展，原始的油桶運輸方式不會持續太久。因為它的成本過高，同時還要耗費大量木材，所以只有積極開發新的石油運輸方法，才能解決石油運輸業所面臨的困境。

後來的事實證明，洛克斐勒抓住了油罐車取代油桶這一巨大變化中的契機，一舉成為石油運輸中舉足輕重的角色。

當時，運輸石油所需要的油罐是專門製作的，除了運輸石油外，並沒有其他用途。許多鐵路公司擔心，一旦他們在購買油罐車上投下巨資，如果沒有足夠的業務量，豈不會陷入十分被動的局面？正當鐵路公司為此而猶豫不決的時候，洛克斐勒再一次挺身而出，他籌集數萬美元的資金購置油罐車，然後按行駛里程計費低價出租給鐵路公司。

對鐵路公司而言，這當然是求之不得的，而標準石油公司則借助這一策略，建立起了自己堅不可摧的地位，並在與鐵路公司的合作中，始終處於主導地位。

因為標準石油公司手中擁有油罐車的所有權，它可以隨時讓伊利公司和紐約中央鐵路公司處在自己的控制之下，得到其他小煉油商所不可能得到的優惠條件。

就這樣，洛克斐勒在與銀行家及鐵路公司打交道的過程

中，漸漸地占據了主動。他所擁有的這種牢不可破的地位，在此之前還沒有任何一位商人曾經擁有過。

許多企業雖然在某個階段擁有無法超越的優勢，可是一旦隨著新技術的更新與應用，整個業界又會面臨新一輪的資源配置。這樣的時刻，往往是新的商業天才崛起的最佳時機，也是已經處在霸主地位的企業所要承受的嚴峻考驗。

就在洛克斐勒用油罐車取得對鐵路公司的控制權後，沒過多久，石油運輸又出現了另一種極具潛力的方式，即管道運輸。這種新型的運輸方式極為便捷，很快便發展起來，並將標準石油公司與鐵路公司的合作擠到了附屬的位置。

這一次，洛克斐勒腳步似乎稍稍顯得慢了一些。他在很長時間內都認為鐵路運輸是不可取代的，所以不願過多地考慮管道運輸。不過，就在洛克斐勒處在猶豫不決與觀望之時，一家鐵路公司的行為迫使他不得不改變自己的計畫。

1873 年，他得知賓夕法尼亞鐵路公司野心勃勃地試圖打入管道運輸業，並計劃用管道長途運輸，繼而徹底取代鐵路在石油運輸業中的地位。

洛克斐勒感到了威脅與挑戰，他認為對此絕不能等閒視之，而要對賓夕法尼亞鐵路的這一計畫進行反擊。1874 年，標準石油公司出資組建了美國運輸公司，專門負責鋪設輸油管道網路，並充分發揮雄厚的實力，大肆收購已有的輸油管道。

洛克斐勒又一次贏了。不論是鐵路運輸還是管道運輸，

他都處於絕對的優勢地位。從此，標準石油公司在石油運輸業的影響與其在煉油業中的影響一樣是無人可撼動的，並對整個業界產生了空前的影響。

第三章　一呼百應的影響力

第四章　創業是上天堂還是下地獄

生意對我來說，是一樁嚴肅的事情。

——洛克斐勒

對做個領薪水的職員與自己當老闆這一問題，不能簡單地分為孰優孰劣。因為角色的不同，所承擔的責任與義務也不同，很難說哪一種更好。不過，就像世界上大多數人適合做朝九晚五的上班族，而不適合自己創業一樣，洛克斐勒卻天生就是一塊自己當老闆的料：因為他凡事喜歡自己做主，而且他也是一個能承擔起全部責任的人。因此，對於洛克斐勒來說，創業是他的天堂。

1858 年，洛克斐勒與 Hewitt & Tuttle 公司的隔閡日漸加深。這份曾經讓他興奮不已的工作如今卻讓他感到不滿。身為一個隨時尋找機會、準備大幹一場的「野心家」來說，工作的安定絕不是他追求的目標。

研究洛克斐勒生平的人都知道，在他的人生道路上，幾乎沒有走過什麼冤枉路，只要時機成熟，他就會果斷地做出決定。

正當洛克斐勒在 Hewitt & Tuttle 公司感到不快時，一個絕佳的機會出現在他的面前。他的一位名叫克拉克（Maurice B. Clark）的英國朋友提議與他合夥成立一家經銷農產品的公司，每個人的投資額為 2,000 美元，大概相當於現在的 3.6 萬美元。不過，洛克斐勒當時的積蓄只有 800 美元，離投資數額還遠著呢！

克拉克對他的能力和信譽都非常欣賞，而洛克斐勒對與克拉克一起做生意，也非常有信心。正當洛克

斐勒為錢感到苦惱時，父親告訴他，自己一直想等
到每個孩子長到 21 歲時，給他們 1,000 美元，現
在，他準備把這筆錢提早交給長子，以使他盡快開
始自己的商業冒險。不過，他提出了另一個條件，
那就是要加收 10%的利息。

本來洛克斐勒就不指望能從父親那兒白白拿到錢，
所以，儘管這個利率比市面上的貸款利息高出了一
個百分點，他還是爽快地接受了這個條件。

得到父親貸款的洛克斐勒，義無反顧地離開了
Hewitt & Tuttle 公司。1858 年 4 月，「克拉克・
洛克斐勒公司」（Clark & Rockefeller）開業了，
19 歲的洛克斐勒正式開始了自己的創業歷程，躋身
於貿易代理的行列。

他後來回憶道：「自己當老闆的感覺實在是太棒了，
我當時心裡得意極了，我成了一家擁有 4,000 美元
資本的公司合夥人！」

這次轉變是洛克斐勒生活中的另一個重大轉變。他
終於開始為自己工作了，這讓他感到責任重大，前
程似錦。

辭職之前考慮好

創辦自己的企業可能會帶來非常誘人的報酬。不過，在你決定辭職做老闆之前，還應仔細思量。

在人們眼中，老闆是能夠獨立承擔風險、頗富創新意識的偶像。與此相對，受僱則是去企業謀職，參與團隊工作。如果從受僱者轉變為一個老闆，這有什麼不同呢？

讓我們先設想一下，自己是一次船難事件的唯一倖存者，被困在一座孤島上。一分鐘以前，你的飲食、娛樂等所有需求都有人照顧；現在這一切突然沒有了。你如何才能活下去，如何才能保持自己的士氣呢？如果一時無人搭救，你會喜歡上這種新生活嗎？

從受僱者轉向老闆的旅途充滿著艱難險阻。你有充分的準備去迎接這一挑戰嗎？

你是不是適合做創業家？對此，先請你回答以下的幾個問題，看一看自己的成功機率有多大。

你有否懷念在公司的工作？一些人對在公司的工作十分懷念並做得很有成就。

你為什麼要離開公司？很多成功的創業者之所以離開他們的公司，是因為他們有一個了不起的新創意。這種新創意是一種能量的源泉，可以補償其身為獨立商時的資源匱乏。

你的人際關係如何？與各種不同行業的人建立關係，是你不斷開拓業務的關鍵技能。

你如何應付不同的壓力？作為老闆，很難把個人生活與商業困境分離開來。

現在是合適的時機嗎？當你離開公司創業時，你的經濟和個人壓力應是最小的。

你真的想自己做老闆嗎？你一人獨力支撐時，該如何去面對？因為你的顧客、合作夥伴、投資者隨時都可以做你的老闆。他們和公司裡那些只顧自己的老闆一樣，會令你的生活不堪重負。

你是否期盼著成為老闆？如果答案是否定的，最好三思。你必須要有做老闆的那種熱情，才有可能驅使自己走向成功。

你能夠放棄哪些東西呢？在決定離開公司的時候，一些受僱者只顧想著它的種種好處。其實，身為老闆，有些損失也會使人覺得難以承受。如：

· **固定的薪資收入**：等待投資報酬的時間十分令人焦心。如果你習慣了每月按時收到薪資單的生活，這種難受尤甚。

· **資源**：身為老闆，大部分工作都必須你自己來做，要為所有資源支付酬金。

· **個人時間**：老闆的工作時間較受僱者更長、更沒有規律。

· **有薪假期**：身為老闆，休兩週的假回來，你得加倍努力工作，以補償休假的時間。

· **獎賞**：在創業初期，你不可能享受到原來公司所給的那

些獎賞。

· **地位**：原來在著名企業中的職位和關係可能就會喪失。

創業前的三個問題

洛克斐勒在一次演講中告誡有心在商業界發展的年輕人說：「在下定決心之前，除了要評估你自己要從事的事業的經驗之外，更應該慎重地思考什麼樣的事業才是你最應該投入的。」

其實，洛克斐勒的告誡可以理解為：任何想嘗試創業的人，必須先考慮清楚三個問題：「我做得到嗎？」「我會喜歡嗎？」「我該這樣做嗎？」 —— 這三個問題是創業者的最佳起跑點。

我做得到嗎？

這個問題只是要知道你是否具有成功創業足夠的知識及技術。確定創業所需的知識及技術和仔細地分析是十分重要的。

首先，財務管理技能是不可忽略的。你個人的理財經驗可能僅包括財務資料的整理及分析，但創業所需的則是懂得在資金短缺時跟銀行打交道。

此外，要做好業務管理工作，包括做好市場調查、制定年度目標、建立全國銷售計畫，或是實行某項業績收入計畫。

然而，對一般小公司而言，業務管理需要你親自跟著業務員跑幾趟，以便了解市場的需求及業務員的需求。也就是說，在人事精簡的小公司裡，你也許就得扮演業務員的角色。

另外，如果你從事製造業，你必須能夠擬定出一套產銷計畫，而在經營之中你也需要事業工程師的協助。

對此，你必須了解到：

· 大部分的公司主管人員都只專精一兩項事務，而一般創業者則需要熟悉各項基本事務。

· 大公司主管常需代勞處理瑣碎工作的資深人員，但是在小型企業裡，身為經理的老闆往往要事必躬親，總攬處理客戶信用調查、公平分配員工週末上班時間等大大小小的事務。

所以，你一定要全盤了解經營一個企業所需的能力。當然，你不一定樣樣精通，你可以慢慢學習，也可以請人代勞。不過，請人代勞的結果成本可能會相對提高，而且日後易造成依賴他人的習慣。

我會喜歡嗎？

在創業過程中，創業者對自己的事業是否喜愛可能比經營能力足夠與否更值得重視，因為創業中的成就感與快樂感直接影響到創業者能否在遇到困難時，將自己的事業進行下去的決心。以下 9 項因素可能影響你對擁有自己企業喜歡與否。

· 你需要賺多少錢；

· 你想要賺多少錢；

· 地點；

· 風險；

· 成長潛力；

· 同業競爭；

· 工作環境；

· 地位與形象；

· 管理人事問題的能力。

在這 9 項因素中，也許有一兩項或全部都對你非常重要，但最後 3 項是特別值得我們一提的。

工作環境也會有諸多不合意處，如又小又寒酸的開放式辦公室，連個隱私權都沒有。出差旅行是挑最便宜的機位和飯店，與當初在公司上班出差時相差甚遠。工作時間被無限制延長。

人事管理能力的問題是非常重要的。有些地方或有些行業是要費很大的工夫才找到合適的人選，而就算僱請員工不是問題，小企業裡的人事管理也會使你精疲力盡的。在一般公司上過班的人，一時可能還無法習慣這麼頻繁的面對面地溝通，甚至是衝突。人事管理費時費力，常會使人感到這是企業經營的絆腳石。可人事管理卻是企業經營中的重要環節。

我該這樣做嗎？

　　無論你從事哪一個行業，都要面對以下問題。

　　孤獨感是首要問題。在公司裡上班或許有很多缺點，但這樣的團體工作卻能為你提供一些精神上及生理上的支援。公司中的組織架構通常能讓員工享有彼此回饋及鼓勵的好處。但是獨立創業者卻得不到這樣的待遇。這時，堅強的自信心與強烈的自我認知是不可或缺的。

　　其次，身為創業者，事業對你生活的影響可能是無孔不入的。在外謀職可能會讓你的生活區格化，將工作及私人、家庭生活分隔開來。而當老闆要付出的時間與心思，則會侵入你擁有的分分秒秒。畢竟，你一天 24 小時都負有當老闆的責任。

　　生意風險是最受矚目的問題。雖然在別人的公司謀職也得冒點風險，但是比起自己創業來說可真是小巫見大巫了。創業要是失敗，不僅是財產受到損失，個人的自尊心、企業的聲譽，乃至個人的幸福都會受到影響。有時損失慘重，甚至可能把你日後東山再起的資本也一併賠上。

創業之初的自我評估

　　洛克斐勒反對盲目地為創業而創業的衝動，他曾語重心長地對試圖在商海裡一展身手的兒子說：「有一點我感到很高興，最近的你，好像對創造自己的事業很感興趣。我想，

只要你對自己充滿信心，你總有一天會有自己的事業。所以，我也熱切地企盼著這一天的到來。我認為，現在的你，已經具備了自己創業的素養和基本條件。但是有一點你還是要明白，這種欲望和想法，和實際上的成功，那是兩碼事。要成就一番事業，你還要經過無限的努力和奮鬥，品嘗很多失敗和打擊的滋味。」

創業與個性

　　創業要想成功，要具有獨立性、競爭性、求異性和堅韌性這四個方面的個性特徵。

獨立性

　　從本質上而言，人一出生就具有獨立性和依賴性這雙重個性。重要的是創業者能否認知到這一點：即便自己有一定的依附性，但自己也有著強大的獨立性。創業成功的人是那些善於擺脫依賴性，努力實現自己獨立性的人。

　　真正決定創業的人，要了解什麼是真正的獨立性，真正的獨立性首先是思想上的獨立性，雖然承認專家權威的存在，但不盲目聽從、信從他們的建議，而用自己的頭腦去獨立地思考。創業者要認真思考一下其中的真偽或者是否真正適合自己。凡是不適合自己的言語，不管是誰說的，也不管其理論上是否行得通，在創業者這裡就是沒用的。所以，創業者要有自己的大腦。

競爭性

有人形象地將商場比作戰場，商業就是商戰。戰場是很殘酷的，只有那些善於競爭，勇往直前的人才能勝利、才能成功。

心理學研究表明，人的內心是很脆弱的。根據人們內心脆弱性的不同，可以將人分為兩類：一類是鴕鳥型；另一類是豹子型。鴕鳥型的人面對危險時，第一反應就是逃避。就像鴕鳥一樣，鴕鳥遇到危險時，會把頭藏在沙子裡或其他地方，牠以為只要看不見敵人，自身就會安全了。豹子型的人在面對危險時心中也有畏懼，但他們不選擇逃避，因為他們知道一味地逃避，永遠也不能占據主動地位。面對危險，只有挺起胸，抬起頭，勇敢地面對危險，才能保持清醒的頭腦，發現對方的弱點。創業者在創業時，要面對許多強大的競爭對手，此時一定不要被對方貌似強大的實力所嚇倒，而要以豹子型人的姿態當面對待，尋找良機。創業不但要有競爭性，而且要有好勝心。好勝心是指一個人對自己非常有信心，而且積極與別人競爭並追求成功勝利的喜悅。人的天性中有一部分是渴望得到別人的承認與尊重。而世上的人實在太多了，所以人們通常把自己的尊重給予成功的人。創業者審視自己時要細心體悟自己是甘於平庸之輩，還是渴望成功、渴望他人尊重的人。

好勝心可看作是獨立性的持續。有膽識、有魄力的人是喜歡用自己的頭腦去思考而且勇於證明自己是最成功的人。

這就是強烈的好勝心理。好強好勝不是意味著欺負弱者，而是在證明自己的獨立性。

當然，創業者一定要注意到好勝但不逞強。真正的成功者追求勝利，但並不到處招搖，不用自己的成功去攻擊別人、嘲笑別人。另外需要注意的是，創業者一定要有寬大的胸懷，要欣賞與自己具有相同好勝心的人才。不能因為自己求強好勝，就極力與那些具有同樣好勝心的人爭鬥，或者有意壓制為自己工作的人才，惟恐他們過於強大而超過自己。創業者要做的是鼓勵自己追求成功、勝利，更要鼓勵自己的員工去追求成功、勝利，為他們創造、展現才能贏得榮譽的舞臺。只有自己的員工都積極追求成功，創業者的事業才會興旺發達。

求異性

在本質上，商業經營是人們的需求。世界上每個人都是不同的，各人的需求也是千差萬別的。創業者一定要善於另闢蹊徑，無論是在產品生產上還是包裝設計上，甚至行銷方式、售後服務等方面都應從求異的角度出發，尤其在創新方面最重要的是不同。

求異的個性，來源於人類的不斷增長的需求，是人的不知足本性的反映。創業者具有極強的求異追求，是其積極進取、蓬勃向上的生命力的源泉。創業者在創業之初，一切都處於全新狀態，對此，他們會花費大量心力試圖創建一種公

司經營運作的模式。這對於公司能夠穩健地成長是非常必要的。在求穩的同時，創業者千萬不要忘了差異。世上萬物都在變化，尤其在商界，事物變化的速度越來越快。商業要經營的是人們的品味，要創造的是人們的生活方式，為人類的生存提供不同的選擇方案。但是人的個性是喜新厭舊的，人們不會因為一個產品品質好就長期使用，反而會因為新產品的出現而放棄舊產品。在流行音樂圈這種現象異常突出。往往一個歌手只能輝煌幾年，他的歌曲不論多麼動聽悅耳，也只流行一陣子；在新的歌曲流行時，舊的所謂金曲很快就銷聲匿跡了。在商業領域中也是如此。創業者在創業伊始要緊緊把握人們喜新厭舊的心理，在消除人們疑慮的同時大力宣傳產品的時代感，使之能迅速滿足人們求新的感覺。在公司發展到一定規模時，創業者千萬不要裹足不前，故步自封，而是要大力求異，推出新的產品。在公司的經營管理方面，則應當允許更多的人提出大膽新奇的想法，鼓勵員工充分發揮各自的創造性和想像力，不要把公司變成千人一面、死氣沉沉，而要讓公司成為一個百花競放、各展風姿的「大花園」。

堅韌性

創業的道路上既有成功，也有失敗。無論是面對成功還是失敗，創業者要充分發揮堅忍不拔的品性。洛克斐勒創業剛 2 個月，就遇到了一場滅頂之災 —— 他們收購的大量豆子

出現了嚴重的品質問題，洛克斐勒一面一粒一粒地挑選出品質好的豆子，一面到處籌款方才度過危機。

　　聯想集團現在是中國電子高科技企業中的佼佼者，但聯想初創時非常小，公司走的是科技研發、工業生產、營銷貿易集中在一起的道路，靠做代理，推銷別人的產品運作。在公司創業的階段裡，曾遭受過一次又一次失敗的打擊，但公司總裁柳傳志毫不氣餒，堅忍不拔地把公司做下去。因為聯想初創者大多是科研出身，是典型的知識分子。他們剛進入市場時，對市場運作可以說是一無所知，因此總是走錯路，做錯事，遭受失敗。但是他們不畏懼失敗，反而從失敗中學到了平時學不到的東西。他們逐步摸索出了一套成功運作的經驗，在經歷了大風大浪之後，聯想集團由一隻小帆船變成了一艘航空母艦。其實，縱觀每一個成功企業的創業史，都是在創業者的領導下，經歷了一次次的失敗後建立起來的。

創業與環境

　　創業成功與家庭教育背景和個人成長環境並沒有絕對的關聯，不能說在某種環境中成長的人適合創業，在某種環境中成長的人不適合創業，任何環境下成長的人都有可能創業成功。但是創業本身是一種冒險，前途是未知的，不可預期的，也許成功，也許失敗。

　　從中國傳統的家庭教育來看，大多數人趨向於找個穩定的工作，對創業提倡三思而後行，缺少冒險意識。只有極少

數家庭的父母能鼓勵孩子勇敢地面對不確定性，願意支持孩子進行創業嘗試，同時又能適當給予孩子理性的指導。傳統的家庭教育大背景對於年輕人成長是有一定影響的。從這個角度講，不同的家庭背景對於創業者的支持是不一樣的。

人們常常說到比爾蓋茲，他在創業過程中得到來自家庭方面的支持，這種支持遠遠不止是資金上的支持。

雖然具備那樣家庭環境的人不一定都成功，不具備這種家庭環境的人也有許多創業成功者，但是他們的家庭背景確實對他們的創業成功有很大影響。基於這樣的現實，對於大多數人來說，比較穩妥的創業之路是對要做的事業和具備的環境有清醒的認識。具體來說就是累積社會經驗，有目標地選擇就業單位，了解經營管理的完整過程，累積對創業環境的認識和創業資金。這樣經過一段時間的準備，一旦時機成熟就能迅速做出理性的選擇。

不適合創業的人

人的性格豐富多樣，有活潑的、有抑鬱的。性格可以主導人生，人生也可以改變性格。創業需要哪些性格，哪些人不適合創業呢？

一是缺少職業意識的人。職業意識是人們對所從事職業的認同，它可以最大限度地激發人的活力和創造性，這是敬業樂業的前提，如職業運動員、職業演員等，他們往往具有較強的職業意識。而一些受薪階級卻對所從事的工作缺少職

業意識，只滿足於機械地完成自己分內的工作，對自己的要求不高，缺少進取心，工作中缺少積極主動性。這與激烈競爭的環境是不相宜的。

二是優越感過強的人。這些人自恃才高，我行我素，脫離公司，與公司的關係難以融洽。

三是只會說「是」的人。這種人缺少獨立性、主動性和創造性，若當了經理，也只能是因循守舊，難以開拓性地工作，對公司的發展不利。此外，這種作風對員工的培養也沒好處。

四是偷懶的人。這種人被稱為「薪水小偷」。他們付出的勞動與薪資不相符，閒置時間過多，只會發牢騷、閒聊，每天堂堂正正地晃來晃去，浪費時間，影響工作。

五是片面與傲慢的人。有的人只注意別人的缺點，看不到別人的優點。或明知別人的缺點，卻不能向好的方面引導。有的人喜歡貶低別人，抬高自己，總認為自己是最強者，以自我為中心，在人格方面存在很大的缺陷。這兩種人弱點明顯，即使有能力，也可能會給公司造成很大的負面影響。

六是僵化死板的人。這種人做事缺少靈活性，對任何事都只憑經驗教條處理，不能靈活應對。習慣於將慣例當成金科玉律，不能適應迅速變化的形勢和環境。

七是感情用事的人。人在處理任何事情都應理智。感情用事者往往以感情代替原則，想怎麼做就怎麼做，不能用理

智自控。這對公司的工作是極為不利的。

八是多嘴多舌與固執己見的人。多嘴多舌的人，不管什麼事，他們都插話說幾句；固執己見的人，從不傾聽別人的意見。不過，要把這兩種人與有自己獨到見解，堅持正確意見的人區別開來。

九是虛偽的人。這種人表裡不一，表面上恭維人，待人非常禮貌客氣，內心卻完全相反，看不起別人，背地裡我行我素，這種人具有消極影響。

順應時勢方成大事

「克拉克‧洛克斐勒公司」一直以經營農產品為主，公司的業務蒸蒸日上。但真正成就洛克斐勒一世英名的卻是石油。

當美國西部賓夕法尼亞州鑽出了第一口油井時，全美國以驚人的速度掀起了一股「石油熱」。就像當年的加州發現金礦一樣，這成了美國西部開拓史上的大事件。而洛克斐勒卻獨具慧眼地認為此時開採石油的時機尚不成熟，他的哲學是「做生意一定要等待時機」，「打前鋒的賺不到錢」。所以他耐著性子，按兵不動。

1861 年，美國南北戰爭爆發，鐵路建設風起雲湧，石油需求量大增，這時，洛克斐勒的機會也來了。1863 年，洛克斐勒在克里夫蘭開設了一家煉油廠，幾年之後，在他只有 28

歲的時候，就掌握了賓夕法尼亞大量運油的鐵路車輛。他用壓低售價的辦法來壓垮其他競爭者，並且吞併了許多中小型煉油廠。到 1869 年，洛克斐勒的煉油廠已發展成為美國最大的煉油廠，每天能生產 1,500 桶石油製品。

時勢造就英雄，英雄推動時勢。這是人類歷史向前發展的一個不爭事實。

審時

第一要明時。明時的實質在於充分認識時勢的作用，學會駕馭時勢，在時勢變化中展示自己的才能。

第二要辨時。在某時看來可行之事，並非永遠可行；在某時看來不可行之事，亦非永遠不可行。辨時即在不同的時機採取不同的行動。決策時不能用靜止的眼光看待已變的時機。也不能用變化的眼光去看未變的時機。時動我動，時變我變，方為辨時。

第三要識時。「識時務者為俊傑」。在競爭場中審時度勢至關重要。看透事情發展的趨勢，才能謀劃出順應此趨勢的萬全之策。奮鬥路上時有難於應付的局面出現，關鍵是如何以「識時務」來保全自己。

第四要適時。「天與不取，反受其咎；時至不迎，反受其殃。」抓住有利時機，適時成就事業，是適時的要旨。早則操之過急，遲則時過境遷。時機往往悄悄而至，轉瞬即逝，且很難再三光臨。

第五要珍時。競爭場中的時機極為珍貴，一旦錯過，就會使原有的舉措不能再實現；或雖能實現，卻須付出比有利時機時更大的代價。

第六要趨時。時機本身有一個發生、發展、高潮、衰落、終結的過程。要把握好時機的發展，趁高潮之前切入，以取得最佳效果。

第七要馭時。時機並非由主觀意志所決定，應適當地把握它，適宜地運用它，則會變不利為有利，變被動為主動。客觀條件固然有限，但只要抓住時機，因勢利導，駕馭時機的主觀能動性則是無窮的。

第八要待時。時機不成熟切勿盲動。待時的難題是判斷何時時機已經成熟。完全成熟的時機是不存在的，已趨成熟而未被大多數人所意識到時是最成熟的時機。待時不是消極等待，而應積極創造條件。積聚諸方力量，一旦處於有利局面或孕育了一定的有利形勢，則應果斷地採取行動。

第九要順時。「順」雖為被動，但是既成事實，由被動而轉主動則是上策。未來社會日趨複雜，形勢千變萬化，絕無一種能應付一切變化的神計妙策。但有一條是可以辦到的，即順時而變，使之朝有利方向發展。

第十要應時。「得時者昌，失時者亡」。時機成熟與否的判斷是成敗的關鍵。弄潮於未來社會須有超前的意識：在表面上看來尚未成熟而實已露出成熟端倪時行動，是高人一籌的關鍵。但此時最易形成與大多數人看法不一的局面，或被

人認為是逆時而動。因此應時要有力排眾議的氣魄。

十一要因時。「明者因時而變，智者隨事而制」。順乎事情發展而採取相應的措施，是因時的精髓，也是立於不敗之地的要旨。「見風使舵」於人格講似不高尚，於競爭者卻極重要。

十二要尋時。時機尚未來臨，就應該做好準備。以便隨時可動，爭得可能爭到之利益。

綜觀洛克斐勒輝煌的一生，處處顯示著他對時機的洞察與駕馭。也許做到上述 12 點很難，但有志創業的人必須迎難而上。

度勢

洛克斐勒在晚年時，曾說過一句引人深思的話：「趁著漲潮時出發會帶來好運。」他的這句話為「度勢」作了最好的注腳。

第一要理勢。社會總是處於各種複雜的隔閡之中，而各方實力的對比並非勢均力敵，鬥爭的結果大都表現為一方對另一方的強制或折服。何方能占主導地位，一方面取決於誰「有理」，一方面取決於誰「能幹」。「有理」和「能幹」構成了決定事情成敗的勢理，故對付競爭中的隔閡也應當從這兩個方面去理勢。

第二要預勢。對於勢態的發展要有正確的預測，尤其應預測出其發展與現在勢態相反的結果。

第三要知勢。知勢的難題不僅在於劣勢中看出發展中的優勢所在，還在於從優勢中看出發展中的劣勢，並能機智巧妙果斷地避開優勢中的劣勢，朝著新的優勢方面努力。

第四要觀勢。勢態發展無定勢，對勢態發展要冷靜地觀察分析，並隨時根據勢態的發展調整自己的行為。

第五要隨勢。隨勢而行似乎被動，實則是一種化被動為主動的策略，是在不改變勢態發展的前提下，巧妙地利用各種因素，形成水漲船高之勢；而非蠻幹硬幹。

第六要借勢。要巧借已有勢態為自己所用，達到自己的目的。借勢與隨勢的區別在於，借勢是憑藉某種勢態行事，而隨勢則是隨著勢態的發展採取有利於自己的舉措。

第七要因勢。因勢而為的關鍵在於掌握已有勢態中哪些是可以利用的，哪些是可以透過引導後加以利用的，哪些是本不可以利用但增加一定條件後很快就可以利用的。對於已有用的可利用因素，人人都會利用；容易忽視的是那些增加一定條件後即可利用的。

機遇在哪裡

洛克斐勒從石油中聞到了金錢的「氣味」，因而抓住了機遇的「裙裾」。身為新形勢下的人們，如何去捕捉機遇，機遇在哪裡，哪些情況又代表著機遇呢？想知道掌握機遇的簡便方法，不妨關注以下幾個方面。

　　環境的變化會給各行各業帶來良機，透過這些變化，就會發現新的前景。變化可以包括：

- · 產業結構的變化；
- · 科技進步；
- · 通信革新；
- · 政府政策變化；
- · 經濟資訊化、服務化；
- · 價值觀與生活形態變化；
- · 人口結構變化。

　　以人口因素變化為例，可以舉出以下一些機遇：

- · 為老年人提供的健康保障用品；
- · 為獨生子女服務的業務專案；
- · 為年輕女性和上班女性提供的用品；
- · 為家庭提供的文化娛樂用品。

　　隨著科技的發展，開發高科技領域是時下熱門的課題。但是，公司機遇並不只屬於「高科技領域」。在運輸、金融、保健、飲食、流通這些所謂的「低科技領域」中也有機遇，關鍵在於開發。

　　機遇不能從全部顧客身上去找，因為共同需要容易認識，基本上已很難再找到突破點。而實際上每個人的需求都是有差異的，如果我們時常關注某些人的日常生活，就會從中發現某些機遇。因此，在尋找機遇時，應把顧客進行分

類。如政府職員、菜農、大學講師、雜誌編輯、小學生、退休
人員等，認真研究各類人員的需求特點。

有時，追求「負面」反而會找到機遇。所謂追求「負面」
就是著眼於那些大家「苦惱的事」和「困擾的事」。因為是苦
惱、是困擾，人們總是迫切希望解決，如果能提供解決的辦
法，實際上就是找到了機遇。例如雙薪家庭，沒有時間照顧
小孩，於是有了家庭托兒所，沒有時間買菜，就產生了送菜
公司。這些都是從「負面」尋找機遇的例子。

關注社會熱點

洛克斐勒在石油熱中迅速地完成了原始累積。社會在不
斷地發展，社會熱點在不斷地出現。對於有心者來說，每一
次熱點的出現，都是一次極好的創業機會。

用創意之眼看世界

依據一項針對包括洛克斐勒在內的全球 200 位傑出創業
家的研究，發現創意的來源主要有四方面：

· 對現有的產品與服務，重新設計改良；

· 追隨新趨勢潮流，如電子商務與電腦網際網路；

· 機緣湊巧；

· 透過系統研究，發現機會。

一般而言，改進現有商業模式比創造一個全新的商業模

式要容易。許多創業者都可以由過去任職公司的經驗中，發現大量可以立即改進的缺陷，包括未被滿足的顧客需求、產品品質上的瑕疵、作業程式上的浪費等等。事實上，大部分離職創業者的動機，多是認為自己能夠做得比原有公司更好，因此才有離職創業的念頭。

當一個新興產業出現之際，必然能夠提供許多創業機會，引發大量的創業熱潮。不過追隨新趨勢潮流的背後，也存在相當大的風險。因為，究竟這項新興產業的規模有多大，如何具體發掘潛在的顧客需求，這些似乎都還不確定。

當個人電腦產業出現時，曾引發大量的上下游相關產品及服務的創業機會，但也並非所有的創業都能獲得成功。有許多追隨網路風潮的創業者，曾經也遭受苦果。不過只要這項新興產業確實具有前景，能掌握產業成長的時機並及時投入的創業者，大多最後還是能夠獲得成功。

有一些人將創意的產生歸因於機緣湊巧，所謂「無心插柳柳成蔭」。不過，研究創意的專家認為，創意只是冰山上的一角，沒有平日的用心耕耘，機緣也不會如此湊巧。無數人看到過蘋果落地，卻只有牛頓能產生地心引力的聯想。所謂的機緣湊巧或第六感的直覺，主要還是因為創業者平日培養的敏銳觀察力。因此，他們能夠先知先覺形成創意構想。例如，在舊金山淘金熱形成之際，無以計數的人滿懷著美麗的憧憬奔向金山，利惠公司（Levi Strauss&Co., Levi's）創辦人卻「機緣巧合」地看到了供應堅固耐用的帆布這個商機。

於是，他立即展開以帆布為布料製成牛仔褲的生產事業，把產晶賣給上述眾多淘金客，因而成為日後創業的美談。

如果創意只是依賴改良設計現有產品、追隨趨勢潮流以及機緣巧合等，其來源仍然相對有限。因此管理大師杜拉克（Peter Drucker）主張可以透過有系統的研究分析，來發掘可供創業的新創意。這種以科學方法進行系統化分析，進而產生大量創意，正是知識經濟時代社會創業活力的主要來源。

所謂經過系統研究分析，來發掘創業機會的作法，大致可歸納為 6 種方式：

一是經過分析特殊事件來發掘創業機會。例如，美國一家高爐煉鋼廠因為資金不足，不得不購置一座迷你型煉鋼爐，而後竟然出現後者的獲利率要高於前者的意外結果。

二是經過分析矛盾現象來發掘創業機會。例如，金融機構提供的服務與產品大多只針對專業投資大戶，但占有市場七成資金的一般投資者，卻未受到應有的重視。這種矛盾顯示提供一般大眾投資服務的產品市場，必將極具潛力。

三是經過分析作業程式來發掘創業機會。例如，在全球生產與運籌體系流程中，就可以發掘極多的資訊服務與軟體發展的創業機會。

四是經過分析人口統計資料的變化趨勢來發掘創業機會。例如，單親家庭的增加、老年化社會的現象、教育程度的變化、青少年世界觀的擴展等，必然提供許多新的市場

機會。

　　五是經過價值觀與認知的變化來發掘創業機會。例如，人們對飲食需求認知的改變造就了美食市場、健康食品市場等新興行業。

　　六是經過新知識的產生來發掘創業機會。例如，當人類基因圖譜獲得完全解決，可以預期必然在生物科技與醫療服務等領域帶來極多的創業機會。

　　雖然大量的創業機會可以經過系統的研究來發掘，不過，最好的創意還是來自於創業者長期觀察與生活體驗。創業就好像十月懷胎，創業構想在創業者心中不斷思索、醞釀、反復鑽研，一直到創業者感覺創意的誕生。

適當的冒險精神

　　美國有 18% 的家庭主人是自己開公司的老闆或專業人士。美國是自由企業經濟的中心，為什麼只有這麼少的人自行創業？許多努力工作的中層經理，他們都很聰明，也接受過很好的教育，但他們為什麼不自行創業，為什麼還去找一個根據工作業績發給薪水的工作呢？

　　許多人都承認，他們也問過自己同樣的問題：為什麼還要當上班族？主要的原因是他們缺乏勇氣，因為他們要等到沒有恐懼、沒有危險和沒有經濟顧慮之時，才敢自行創業。在這點上他們都錯了，其實從來就沒有不感到害怕的自主創

業人。

「創業者」的意義，是不畏艱巨，雖千萬人吾往矣。成功的創業者能克服諸多恐懼。有的人認為財富跟勇氣一樣，通常來自於遺傳。的確，有許多人可能在年幼時就很有勇氣，但也有許多人，他們在 40 歲，甚至 60 歲時，還在培養與增強自己的勇氣。

即使是智者中的智者也會害怕，不過他還是勇敢地去行動。恐懼與勇氣是相關的，並非不怕危險才是有勇氣。如果有更多人了解到這一點，那麼將會有更多的人自行創業。

現實生活中許多企管專業畢業的碩士，只想免掉風險。許多人從來沒想過要自行創業，因為風險太大。在大公司領薪水，可以避免突然失業的風險，何必花時間研究投資機會。企業總是會照顧中階主管，有許多人，他們的信念就是賺錢和花錢，讓公司照顧他們一輩子。這的確是很理想、風險又低的方法。但是他們的算盤打錯了，總有一天，中階主管的職位也會消失的。

洛克斐勒認為，想要成為百萬富豪，就必須面對自己的恐懼，勇於冒險。他不斷提醒自己，最大的風險是讓別人控制自己的生活。為什麼許多學校裡的高材生，到一個公司後雖然努力工作，但仍可能突然間就失去了工作呢？這全在少數幾位高階經理的一念之間。

但這裡所說的冒險與賭博是截然不同的概念。

資產淨值愈高的富豪，認為冒險投資是「非常重要」因

素的比例也愈高。有 41％的千萬富豪認為，冒險投資是非常重要的因素。

　　冒險投資與資產淨值之間，有著非常明顯的關係。投資理財的刊物經常強調，要冒險才能賺大錢。將成功致富歸於冒險投資的人，很懂得投資理財，他們中的大多數人覺得靠賭博發財，簡直是癡人說夢。贏得彩券完全是靠運氣，但最有錢的人從來不買彩券，大多數人也從來不賭博。

　　百萬富豪對於機率有透徹的了解。他們基本上知道「勝率」以及預期的投資報酬率。買彩券的投資報酬率太低，大部分的賭博你無法控制，要提高中獎的機會，唯一的方法只有買更多的彩券。事實上，從投資報酬率來看，買彩券的人幾乎永遠是輸家。

　　幾乎所有白手起家的富豪，對他們所選擇的行業都有一些經驗與了解。許多人在做決策之前，都會仔細研究各行各業的獲利率。冒險投資的人在創業之前做研究的比例，是不願冒險投資的人的 2 倍，他們對於各行業的成長與收入比較了解。敢冒險的人一定會成功，因為他們在投資前做了許多研究，而他們也很喜歡自己新選擇的工作。這其實可以分成兩個步驟，他們首先選擇適合自己個性的工作，而不只是為了金錢去選擇工作，這樣才會有歸屬感。

　　日本的大企業家本田說過一句意味深長的話，他說：「我一直都過著非常魯莽的生活，我真正成功過的工作，只不過是全部工作的 1％而已。而這個已經結了果實的 1％的成功，

就是現在的我。」

鼓勵你去冒險，絕不是要你把兩隻腳一起踏到水裡試探水的深淺。有句俗語說：「只有傻瓜才會同時用兩隻腳去探測水深。」

對於不熟悉的投資機會，不要一開始就「傾巢而出」，還是以「小」為宜。高明的將領不會讓自己的主力軍隊，暴露在不必要的危險下。但是為了獲得敵情，取得先機，他們會派出小型的偵察部隊深入戰區，設法找出風險最小，效果最大的攻擊策略。

俗話說得好，「萬事起頭難」，克服恐懼的最佳良方，就是直接去做你覺得害怕的事。冒險既然是投資致富中不可或缺的一部分，就不要極力逃避。從小的投資做起，鍛鍊自己承擔風險的膽識。有了經驗之後，恐懼的感覺會逐漸消除，在循序漸進地克服小恐懼之後，你可以去面對更大的風險。很快你將發現，由冒險精神帶給你的歷練，正協助你一步一步地接近夢想。

規避風險是人類的本性，但千萬不要因為一次投資的失敗，便信心大失，不敢再投資，而成為永遠的輸家。也不要因為一時成功，便忘記風險的存在，多方借錢大舉投入，造成永難彌補的損失。成功者與失敗者同樣對風險都感到畏懼，只是他們對風險的反應不同而已。

如果你不願意冒險，寧願保守，那麼你將終生平凡，因為這是無法避免的。當然，保守、平凡，快快樂樂地過一生

也很好，決定權在自己。但人們常常後悔沒有去做某事，而不後悔已經試過的事。

開創事業的前期準備

找出具有市場潛能的創業點子

創業點子不在其新穎與否，也不必是自己獨有，甚至不需要一定是好點子。重要的是，這個點子得具有市場潛能。為了搞清這一點，應考慮以下幾個問題：

- 這個點子是否合乎實際的需求，目前或未來會不會有市場可做？
- 顧客的需求是否足以維持生計，目前市場的發展空間是否還很大，是否已充滿了競爭對手？
- 這個點子是否能轉為可做的市場，是否有相關的技術配合，產品或服務的成本是否在消費者能夠或願意負擔的範圍之內？
- 你個人是否有所需的知識及技術，這個點子有沒有人試用過，其結果如何，為什麼？

要回答這些問題勢必須經過一番深思熟慮、詳細研究才行，但很多時候，還得靠個人直覺來判斷。

制定縝密的計畫

有了具有市場潛能的創業點子，創業之前你必須擬定一個非常縝密詳實的計畫。一個好的創業計畫大綱應包括以下內容：

· **整體概念的陳述**：初創事業，倘若需要他人給你提供物力或人力的資源，這時你需要簡明扼要地說明你的創業計畫。整體概念的陳述內容應包括創業點子的介紹，以及對未來獲利潛能和可能風險的評估。還要介紹他人要進入這個行業時可能會遭遇的阻礙。

· **產品或服務內容**：產品或服務內容的描述應涵蓋製造過程中的各項成本、名稱、所需要的包裝，以及任何獨特或富競爭力的有利條件。另外，計畫本身也要記錄產品或服務的保證措施。

· **市場**：在確定「市場」的時候，必須考慮以下幾項內容：大小、區隔、成長情形、獲利能力、地點、競爭、人口統計分析。

· **典型的創業計畫必須分析**：消費者決定購買產品或服務的過程及何人決定購買。當你了解到未來消費者的背景之後，你便能掌握價格的制定並了解競爭的環境。除此之外，計畫內容也要說明市場的特點，如銷售方式、市場循環性及政府的影響力等。

· **準備工作的進度表**：擬定一份創業所需的執行進度表。

這份執行表應詳細記載工作內容、執行時間；如果可行的話，也要列入計畫開始與結束的時間，以及各項工作的負責人等。

· **周密的預算**：任何創業預算都要特別周密地考慮到兩個重點：現金流通以及財務困難的早期徵兆。

創業資金的籌集

如果說，洛克斐勒一生中有過讓他極為難堪的事情的話，這些事必然與借貸有關。就像他後來所說的那樣：「我不得不去求銀行為我們提供資金和貸款，幾乎是跪著去的。」

儘管洛克斐勒內心十分不願意依靠借貸來擴大自己的商業王國，但卻不得不這樣做。因為他明白，除了尋求銀行家們的幫助，別無選擇。他說：「我經常在上床時擔心自己如何償還那些數額龐大的貸款，可是當睡了一覺醒來時，我又變得信心百倍，盤算著去哪裡借更多的錢。」

在與銀行家打交道的過程中，洛克斐勒樹立了自己年輕有為的企業家形象。同時，與他父親有幾分相像的是，他很善於研究別人的心理，以達到對自己最有利的目的。他從不俯首乞憐，即使是向人借貸也是如此。他深知，讓自己的債主對自己的償還能力深信不疑的做法之一，就是在借錢時不要顯得過於急切。

一次，洛克斐勒正在一邊走路，一邊想著如何籌措到 1.5

萬美元，恰好有一位銀行家的馬車經過他的身邊。令人意想不到的是，銀行家停下馬車問道：「洛克斐勒先生，你需不需要5萬美元？」

面對這不期而遇的好消息，洛克斐勒並沒有表現出喜出望外的神情，而是十分鎮定。他反覆打量了對方後，才慢條斯理地說：「這個，你能給24小時讓我考慮一下嗎？」當然，他最後以最有利的條件達成了借款協定。

洛克斐勒在與銀行家打交道時，不僅很聰明，而且絕對講究原則。他從不欺騙別人，而且從不拖欠銀行貸款，一切按達成的合約執行，到了該還錢的時候，他總是能如數償還。

他的這種良好風範贏得了銀行家們的信任。事實上，洛克斐勒事業上的發展，主要是得益於他的這種良好的信用以及銀行家們的大力支持。可以說，沒有銀行家們雄厚的財力作為後盾，洛克斐勒的事業不會如此輝煌。無論在經濟繁榮時期，還是在經濟蕭條時期，銀行家們對洛克斐勒一如既往地支援，是其商業之船未擱淺且不斷前進的主要動力。

洛克斐勒在談到自己的發展之路時說：「我在經商的整個過程中，最棘手的問題就是如何得到足夠的資本，去做我想做，有能力做而且只要有足夠的錢就能做到的事情。」為了籌措資金，他父親一度也是他重要的債權人。

洛克斐勒儘管在早年的發展中得益於銀行的信貸，但他後來卻成了一個極力反對借貸的人。不過，與他的這種主張

相牴觸的是，他是一個十分善於與銀行斡旋的人。

克拉克曾評價他說：「我從來沒有見過像約翰那樣能幹的借錢高手！」

經常與銀行打交道的經歷，將他鍛鍊成了一個談判高手。而對比自己實力雄厚的對手，他表現得詭計多端且往往大造聲勢，以期獲得對方的信任。

對於從銀行貸款，洛克斐勒曾有過如下演講：「銀行留給別人的看法是：晴天借傘，雨天收傘。如此的不合理，讓人感到很冷漠，也很殘酷。但是，如果你能站在銀行的立場上來看，就不會這樣認為了。銀行也是一個獨立的實體，它也要生存和發展。為了保證能把每一筆借款都收回，銀行家們要非常小心地關注客戶們的一舉一動。他們要很慎重地選擇客戶，及時淘汰沒有償還能力和不守信用的客戶。所以，並不是每一個人都能從銀行獲得貸款。如果你想要獲得銀行的貸款，就要提出一些讓銀行放心的條件來交換。當然，也有一些人，他們只要坐著不動，銀行都會把貸款送上門來；這樣的人，多半都是大企業家，他們已經和銀行建立了非常可靠的信用關係。」

關於合夥的忠告

洛克斐勒在他的生意生涯中，數次與人合夥，也幾次將合夥人「踢」出合夥企業。無論是他與人合夥還是拆夥，均

使其向億萬富豪的目標更近。他高超地選擇合夥人的眼光，以及對拆夥時機的明智選擇，值得每一個有志下海創業的人學習。

洛克斐勒之所以與克拉克合作，完全是看中了克拉克高超的經商能力；而一年後又吸收加德納入夥，不僅充實了手裡捉襟見肘的流動資金，還借助了加德納這一塊金字招牌——他是克里夫蘭的一家名門之後，享有很高的知名度。

與人合夥創業，要用理性之眼去察別，不能像交朋友，也不能如戀愛——這些都是感性而非理性的。

步入社會不久的年輕人，不僅缺乏啟動資金，更不了解市場行情，因此，年輕人握起拳頭來一起合夥創業，無疑是一種比較理想的創業方式。當然，合夥創業也並非易事，千萬不能憑感情、交情打理生意，否則你將一敗塗地。

曾君與尹君從小一起長大，稱得上是好哥們，兩人合夥開了一家電腦公司。然而，偏偏兩個人時運不濟，遇上電腦價格大幅度下調，曾君原先的一些客戶也因實行了政府集中採購制度，而失去了業務管道，結果公司不僅沒有像曾君預言的那樣能賺大錢，反而背上一屁股的債。此時的尹君後悔聽信了曾君的話，而曾君則認為是尹君給他帶來了霉運，一對好友鬧得不歡而散。

親密的朋友並不等於理想的合作夥伴。默契的合作者有可能在長期的合作中成為知心朋友，但知心的朋友並不一定都能成為最好的合作夥伴，所以在選擇合作夥伴的時候，千

萬不能感情用事。

　　張生對合夥人也是一百個放心，因為合夥人是中學老師介紹的。他在合夥人的服裝店裡投入了 20 萬元的資金，成了服裝店裡的一名小股東。合夥人寫了張收據給他，並說大家朋友一場，賺了錢一定不會虧了他，每年至少會分給他 10% 的利潤。雖然服裝店的生意很紅火，但年終合夥人 —— 服裝店的老闆只給了他幾千元了事，由於沒有明確的合作協定，現在陳先生既無法得到應得的利潤，也難以收回所投的 20 萬元資金，處於進退兩難的境地。

合夥需要理性

　　合夥創業一定要簽訂好合作協定，把雙方應盡的職責和應享的權益仔細簽訂下來，絕不能僅憑口頭協議。一句話「先小人，後君子」。

　　根據你經營的需求和你對合夥公司的控制能力，你可以考慮以下建議：

　　你必須判斷出，你是不是真正需要一個合夥人。你是需要合夥人投入資金，還是投入一種技術或一系列技術；你是需要合夥人幫助你擺脫孤獨和剛開張公司的不穩定性嗎？你必須來判斷你的需求，然後再決定這個合夥人能否滿足你的那些需求。

　　任何潛在的合夥人都有優點和缺點。你不但要對你未來的合夥人很了解，而且還要了解合夥後的經營環境。有時你

認為很了解你的朋友或親戚，但在一起創業時，他或許很快就暴露出個人的或管理上的弱點了。

對合夥企業的關鍵性問題要有協商的書面協議。如果一個合夥人離開，或想「拆夥」，則情況在法律上會變得非常地棘手。書面協定可以幫助你透過協定來解決法律上的棘手問題。

在合夥生意中，最容易引起糾紛的就是權、能的歸屬問題。照情理來說，大家都是老闆，你不能管我，我也不能管你。但實際上，管理的人多了，這個生意絕對做不好，一定要由一個人來主要管理才行。

可是，由誰來當這個大老闆呢；其他的股東老闆是否能心甘情願地服從呢；合夥人不贊成怎麼辦；經營與管理是否應該分開；如果分開，應該如何分；如果統一，應採何種方式？

這裡面的問題太多，無法一一列舉出來，更不能逐一地加以分析，只能就大的原則來加以探討。

由誰來當大老闆，這個問題比較好解決，方式不外有二：一是由投入資本多的來當；二是由才幹、能力較強的人當。不過，這裡面仍有問題，當大老闆的權力範圍多大，其他的股東老闆應該擔任什麼職位，這也不是好安排的。

一般合夥生意，經營方式不外下列三類：

第一，由一個人全權負責經營，其他股東出資不管事。

第二，股東都在公司裡擔任職務，但一切經營大權在一

個股東手裡，其他人都不加干涉。

第三，幾個股東老闆都在公司裡擔任重要職務。有的是董事長、有的是總經理，大家的權和利差不多，真正是名符其實的合夥經營。

一、二兩類問題比較簡單在此略而不談，只談最容易出問題的第三類，這是年輕人一開始創業時，最喜歡採取的方式。

表面上看起來，這是權、能的劃分，使每個人都有發揮所長的機會。但實際上，工作責任與權力的劃分卻往往混淆不清。董事長的事，總經理也可以管；總經理的事，董事長也可以管。

表面看起來，大家不分彼此，和和氣氣的蠻好，實際上，這是合夥經營中「帶糖衣的毒藥」，絕不能長用下去。

「權力」是個很奇怪的東西，一旦歸屬自己，自然就會形成保護它的心理，不允許任何人侵犯。人們對權力的占有欲，絕不弱於金錢，別說是朋友，就是親如父子、兄弟，也是不能侵犯的。假如合夥人生意中，總經理能代董事長做決定，董事長也能替總經理制定計畫，究竟誰是當家主事的人呢？

因為你能代他決定，你也就能否決他的決定，這種權責混淆的組織如何能夠生存？

因此，大家劃分的權責，一定要有一界限，守住自己的本分，不能越界。此外，就是要彼此互相尊重，這是待人處

事的道理，也是合夥經營必須遵守的原則。一旦發生相互輕視的現象，這個合夥生意就等於染上了不治之症。

　　不過，合夥生意的權責，並不像分股息那樣容易分清楚的，這要看股東的能力而定。譬如，合夥企業的領導人是個有頭腦、有魄力的人才，不論經營、管理他都有自己的一套構想和做法，那麼他的權責必然很大，否則，就無法發揮他的才能。在這樣的情形下，合夥人只有服從他才會相安無事。

財務不能黑箱操作

　　合夥經營，財務要絕對公開，而且要公私分明，不允許任何人破壞大家共同建立的財務制度。

　　在合夥生意中，特別是好朋友在一起合作時，一開始最容易發生這樣的現象。

　　應該知道，合夥做生意不是當年那種純感情的交往，你有錢請我吃碗麵、看場電影，我有錢請你上餐廳，根本不必計較你的、我的，反正有錢大家花，花光了再想辦法。可是，合夥做生意，是想以有限的金錢賺無限的金錢，大家的理想是要創造一份事業，為自己創造一份財富。不僅不能把老本花光，賺的錢也不能全部花掉。如果到了年終、月尾一結帳，生意是賺了錢，但賺的錢都稀裡糊塗花光了，大家的心裡就會開始計較了，你認為他花得多，他認為你花得多。

　　一開始，大家基於過去的友情，還不好意思公開地指出

來，等到了忍無可忍提出來時，必然會嚴重傷害彼此之間的感情。好朋友一旦決裂，那比不是朋友還嚴重。他覺得你不夠朋友，你認為他不講交情。到了這種地步，除了大家分手，再也沒有更好的辦法。

　　基於這種創業過程中的心理和思想的演變，在合夥做生意之初，就必須建立起一套完善的財務制度，而且要一絲不苟地執行，絕不能跟感情混在一起，弄成你我不分的局面，免得等大家想分清楚時，已經無法分了。

　　另外，在合夥作生意還有一種容易引起財務糾紛的現象：大家一開始都很「理智」地制定出財務收支辦法，也制定出每個人應支的薪水，可是到生意逐漸好起來時，以前所制定的辦法慢慢地被破壞了。有人認為他對這個生意出力最多，多支點錢是應該的，有人有了急用，認為也不妨借用點公款，反正大家是好朋友，誰還會計較這種「小事」。

　　任何一個團體，不管其組織大小，必須要有紀律的約束，這樣才能使很多的不同歸於統一。合夥生意是個小團體，當然不能沒有一套規則。換言之，志同道合的感情使大家結合在一起，但要想長久維持這種合作的體制，必須要靠制度來加以規範。

　　小潘和小梁合夥開了一家中式餐廳，小潘交際廣，經常帶朋友到餐廳來用餐，從不記帳，一段時間後，小梁便覺得奇怪，怎麼餐廳天天這麼忙，卻並沒有賺到錢？後經別人提醒，方才發覺到有很大一塊利潤被小潘和他的朋友們「吃」

掉了。於是,小梁也開始在餐廳裡宴請自己的朋友們,沒過半年,一家好端端的餐廳就只能倒閉。

合夥創業一定要做到帳目清楚、手續齊全,經得起隨時檢查;對於所有帳目的進出情況、合作實體的經營狀況和損益情況要定期在合作夥伴間公開,合夥者的利益分配要嚴格地按照合作協定中的規定辦理;合夥者私人使用合作實體的財物,要入帳並在利益分配中予以扣除,總之,要做到「親兄弟明算帳」。

天下沒有不散的宴席

做生意的合夥人,一旦涉及到拆夥,大多心有戚戚。其實,天下沒有不散的宴席,拆夥是生意發展到一定程度的必然。拆夥拆得好,對合夥人雙方都是一件好事。

在洛克斐勒早期的合作夥伴當中,加德納是第一個與之拆夥的合夥人。他們短暫的「婚姻」僅維持了 3 年。1862 年,洛克斐勒將加德納「送」出了公司 —— 他看不慣這個出身豪門的公子哥兒花天酒地的生活習慣。至於他是用何種方法與加德納分道揚鑣的,因為雙方當事人的沉默,我們至今仍不知道。不過,洛克斐勒與安德魯斯及克拉克的拆夥,在洛克斐勒的傳記上卻有著詳細的記載。

身為一個商業奇才,洛克斐勒並不是一下子就看到石油所蘊含的巨大潛力的,他對石油的認識是逐漸加深的。在此值得一提的是,真正把洛克斐勒引進石油行業的,是一個名

叫山謬・安德魯斯（Samuel Andrews）的人。

安德魯斯是克拉克的同鄉，同時還是一個照明方面的專家。他認定石油有利可圖，將來一定會拓展出一個巨大的市場，因此他積極地尋找著贊助人，試圖大顯身手。為了這個目的，他常常有事沒事就往克拉克與洛克斐勒的辦公室跑。

不過，洛克斐勒的合夥人克拉克對煉油方面的事情毫無興趣，一聽安德魯斯提起，便極為不耐煩地打斷道：「別再浪費你的唇舌了，我們根本沒錢投資，我的錢要用來做正經生意，此外還有其他的開銷。」

安德魯斯並不是一個輕言放棄的人，他又跑到洛克斐勒那裡遊說。好在洛克斐勒的態度不像克拉克那樣堅決，他認真地聽取安德魯斯對石油前景的分析，感到此人說的並非是天方夜譚，而是很有道理。

由於洛克斐勒的勸說，最終克拉克也同意拿出一筆錢來試一試。不久，他們投資 4,000 美元，成立了「安德魯斯・克拉克公司」，這代表著年僅 24 歲的洛克斐勒開始進入了石油業。

他們將公司的煉油廠設在金斯伯里的一條小河的岸邊，那裡離克里夫蘭市中心有一英里半的路程。依照洛克斐勒的個性，他是不做則已，一做則會全力以赴。從此他將自己的大部分精力，從貿易公司轉移到了煉油廠上面。每天早上 6 點半，他們都會來到煉油廠的製桶車間，把油桶一個個推出來。

在洛克斐勒的精心打理下，煉油業務取得很大的成功，不到一年，業務量就超過了農產品生意，成為公司最賺錢的業務。

自從進入煉油業那一天起，洛克斐勒在技術方面就一直聽山謬‧安德魯斯的。用硫酸淨化原油的技術最初就是安德魯斯傳授給洛克斐勒的。然而，1874 年安姆布羅斯‧麥格雷戈被任命為標準石油公司在克里夫蘭各煉油廠的總負責人後，成了安德魯斯強有力的競爭對手。洛克斐勒開始漸漸認為安德魯斯是個平庸之輩，跟不上這一領域的新發展，安德魯斯也感受到來自更有能力的麥格雷戈的威脅。

洛克斐勒雄心勃勃地不斷借貸和投資，令目光短淺的安德魯斯覺得苦惱。1878 年 8 月，標準石油公司宣布給股東發放 50% 的紅利，這一決定加劇了他們兩人之間的分歧。安德魯斯後來抱怨說：「公司賺的錢足夠發放比那高 2 倍的紅利，而且還有盈餘。」儘管洛克斐勒盡量避免與合夥人發生衝突，但最不能容忍那些喜歡多得紅利，而不願把收益再投資於生產經營的董事。一天，安德魯斯怒氣沖沖地對洛克斐勒說：「我真不想在這個公司工作了。」洛克斐勒便向他攤牌，問道：「山謬，你好像對公司目前的經營方式沒有信心。你要多少錢轉讓你手裡的股票？」安德魯斯張口就說：「100 萬。」「讓我保留 24 小時的購買權，」洛克斐勒說，「我們明天再討論這件事。」第二天上午安德魯斯來到公司時，洛克斐勒已經給他準備好了一張 100 萬美元的支票。實際上，洛克斐

勒非常害怕安德魯斯在市場上公開出售他持有的大量公司股票，這會壓低公司股票的價格，影響公司的信用，因為此時標準石油公司正在大舉借款，其債務相對股份資本的比例已經偏高了。

一開始，安德魯斯對這筆交易欣喜若狂，他認為自己得到的錢高於股票的實際價值。然而洛克斐勒隨即就把這批股票賣給了威廉・范德比爾特（William Vanderbilt），一轉手就賺了 30 萬美元。安德魯斯後來大罵洛克斐勒方法卑劣，洛克斐勒便派人告訴他，他可以按原價買回他的股票。懊惱的安德魯斯一口回絕了這個公平的建議，決定留下賣股票的錢。有人估算，假如安德魯斯當時留著這些股票，到 1930 年代初，那些股票大約價值 9 億美元。安德魯斯因自尊心受到傷害，賭氣做出了這個魯莽的決定，沒能成為美國最富有的人之一。

洛克斐勒與克拉克的分道揚鑣，也同樣籠罩著一層「溫情」的面紗。從 19 歲起與克拉克合夥成立公司以來，洛克斐勒與克拉克的關係可以說一直都不是很融洽。不過，依洛克斐勒的個性，他不會在自己羽翼未豐時便與比自己強的人作對。多年來，為了公司的業務，他兢兢業業，對趾高氣揚的合夥人多方閃躲。

起初，克拉克並沒有把這個比自己小 10 歲的合夥人放在眼裡，不過，隨著洛克斐勒在公司裡的地位越來越重要，他不得不在許多方面逐漸依賴起洛克斐勒來。兩人的這種微妙

關係終於在取得了某種平衡之後，才使得公司沒有因為內訌而早早夭折，還取得了很好的發展。

但是，問題仍然擺在洛克斐勒的面前。洛克斐勒意識到克拉克已經成為自己取得更大發展的絆腳石，如果他想擁有更大的嶄露頭角的空間，就必須擺脫克拉克對自己的束縛。因為克拉克個性直率、隨便，僅就這一點，他就與洛克斐勒格格不入。洛克斐勒對自己的這位合夥人的品行極為看不順眼，而且對他不敬神靈的態度也大感惱怒。不過，他還是承認，克拉克是一個能幹的生意人。

而克拉克對洛克斐勒刻板的個性也不以為然，從一開始，他就把洛克斐勒擺在一個小職員的位置，讓他管帳、管錢。不過，他後來終於明白，自己的合夥人擁有遠比其年齡更為成熟的商業頭腦，這才不敢小覷洛克斐勒。

洛克斐勒在後來談到與克拉克的這段合作經歷時，曾忿忿不平地說：「他幾乎從我倆開始合作時就想一個人做主，從不把我放在眼裡。當我們討論買賣上的事情時，他問過我好幾次這樣的問題：『要是沒有我，你還能做些什麼？』這讓我感到非常惱火。」

洛克斐勒以他一貫的老謀深算忍受了克拉克對自己的不敬，他認為自己總有一天會好好地報復他，給他致命的一擊。

後來，由於公司投資煉油廠，克拉克將自己的弟弟也拉進公司裡來。對這兄弟倆的所作所為，洛克斐勒感到十分厭惡。克拉克兄弟雖然在做生意方面很有一套，但他們常常想

憑藉一時的矇騙來占便宜，對這種極為短視的行為，洛克斐勒非常不滿。他認定，由於這兄弟倆不檢點的行為，公司遲早會在客戶與銀行中喪失信用，而這是無論如何也不能容忍的。

由於正處戰爭時期，當時影響油價的因素非常多，供求關係隨時都可能發生變化，所以人們根本就無法確定油價到底應該處在哪個價位上才算合理。所以，石油業的巨大利潤往往是與其巨大的風險性相伴的。不過，劇烈的價格波動並沒讓洛克斐勒感到氣餒，他認定石油業的光明前途是絕不會因為一時的混亂局面而改變。因此，洛克斐勒與安德魯斯主張不惜代價地擴大業務，而克拉克兄弟則認為不宜在石油上面投入太多。一次，洛克斐勒在沒有得到克拉克兄弟同意的情況下，向銀行舉債 10 萬美元以擴大煉油廠的業務。克拉克知道後非常生氣，他覺得洛克斐勒的這種冒險做法最終會讓自己陷入非常危險的境地。

而洛克斐勒也認為，克拉克兄弟目光短淺，他們平時花錢不知節省，可是一旦做一點需要冒險的事情時，卻把錢財看得過重。所有的一切都讓洛克斐勒感到不快。他認為，如果自己想在事業上取得更大的成功，就必須與一群誠實、值得信賴、與自己想法接近的人合作，而克拉克兄弟並不符合上述條件。

1865 年，洛克斐勒覺得有必要向克拉克兄弟攤牌了，只有排除了意見相左的人所帶來的不利因素，他才有可能在自

己認定的事業上沒有牽絆地發揮。

2月1日,洛克斐勒將幾個合夥人請到家裡,向他們介紹了自己準備大力發展煉油廠的計畫,而這恰恰是克拉克兄弟極為反感的事。

顯然,克拉克的反應正如洛克斐勒所料想的那樣強烈,他十分無禮地說:「我們最好分開,各做各的。」這當然也是洛克斐勒的意思。

第二天,洛克斐勒就在報紙上登出了公司的公告,而且令克拉克兄弟始料未及的是,洛克斐勒已經把安德魯斯爭取過去了。他們最後商定,幾個合夥人誰出價最高,誰最終將得到煉油廠。

洛克斐勒對最終得到煉油廠的所有權抱著勢在必得的決心,他臨危不亂,十分鎮定。那次拍賣是由克拉克兄弟請來的律師主持,煉油廠的底價為 500 美元,不過很快雙方的報價就達到 5 萬美元。這已經是一個相當高的數字了,遠遠超出了煉油廠實際的價值。後來,洛克斐勒在自己的回憶錄中詳細地記錄了當時的情景:

「最後價格開到了 6 萬美元,又一步步開到了 7 萬美元。我開始擔心自己能否真的買下這個企業,能否籌到那麼多錢。最後,當對方報價達到了 7.2 萬美元時,我毫不氣餒地報出了 7.25 萬美元。這時,克拉克先生說:『我放棄了,約翰,煉油廠歸你了。』我提議立即開支票給他,不過克拉克先生說:『不用了,我很樂意將煉油廠託付給你,在你方便

時我們再結帳也不遲。』」

　　在那次拍賣會上，洛克斐勒雖然如願以償地獲得了煉油廠，但最終為此付出了巨大的代價。他用自己在代理公司的一半股份及 7.25 萬美元，換來了對煉油廠的完全控制權。

　　對洛克斐勒一生的事業而言，這是一個重要的轉捩點。他在 26 歲時，擁有了克里夫蘭最大的煉油廠。同時，他將長期以來與自己處處為難的對手，毫不留情地從自己的生活中抹掉了。

　　有人說洛克斐勒的所作所為是過河拆橋，實際上並非如此。從洛克斐勒與安德魯斯和克拉克兩個拆夥的案例來看，他的做法非常的公平，他在恰當的時機、用恰當的方法，為自己的商業生涯塗抹了濃重的一筆。

第五章　管好你的口袋

金錢就像種子一樣，能夠不斷地發展、累積。
同時，你的個人信用，也會隨著資產的成長而
與日俱增。

—— 洛克斐勒

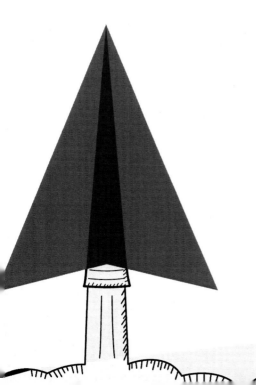

「財富指的是你生活品質的程度，而非你賺錢的多
寡。要體會富有的滋味，並不需要上億的錢財，而
是去過你真正想過的生活！

很多人以為自己的命運早已被寫在星相書上，誰也
改變不了。其實錯了！你的命運是你自己寫成的，
你每天的生活累積成自己的命運。人們經常把自己
的問題歸罪在經濟、政治、父母，甚至天氣上。卻
不知道，唯一應對你的生活負責的，只有你自己，
這要求你要管好自己的口袋。」 —— 上面兩段話是
洛克斐勒在告誡兒子時所說的話。

省錢就是賺錢

洛克斐勒擁有的財富無人可比，但他還是非常注意節
約。他曾對他的下屬說：「省錢就是賺錢。」

洛克斐勒經常到公司的幾個單位悄悄察看，有時他會突
然出現在年輕的簿記員面前，熟練地翻閱他們經營的分類
帳，指出浪費的問題。

1880 年代初，洛克斐勒視察了一家位於紐約的標準石
油公司旗下工廠。這家工廠灌裝 5 加侖一桶的石油，密封後
銷往國外。洛克斐勒觀察了一臺機器幫油桶焊蓋的過程後，
問一位駐廠專家：「封一個油桶用幾滴焊錫？」「40 滴」，那
專家答道。「試過用 38 滴沒有？」洛克斐勒問。「沒有」。
「那就試著用 38 滴焊幾桶，然後告訴我結果，好嗎？」用 38

滴錫焊的油桶中，有一小部分漏油 —— 但是用 39 滴焊錫的則沒有出現這種情況。從那以後，39 滴焊錫便成為標準石油公司旗下所有煉油廠實行的新標準。「那滴節省下來的焊錫，」洛克斐勒退休後仍然滿意地微笑道，「在第一年為公司節省了 2,500 美元。而且公司從那以後出口量一路上揚，翻一翻，翻兩翻 —— 遠遠超過了以往的水準；這項節約措施也一直得到貫徹，每桶節省一滴，從那時到現在，已經累計節省了好幾十萬美元。」

這樣的事例還有許多，例如，在保持油桶強度的前提下一點一點地減少桶板的長度、降低桶箍的寬度。

正是由於洛克斐勒的這種始終如一的注意節約行為，美孚公司才取得了如此輝煌的財富。他使生產成本降低，既增加了利潤，也提高了企業競爭能力。

節儉是一種美德

暴富後的洛克斐勒在外出旅行及洽談生意時，總是會在住宿問題上與服務人員討價還價，最終選定最便宜的房間住進去。對此，服務人員都感到很奇怪，有一次便問他：「天啊，洛克斐勒先生，你為什麼要選擇這樣的房間呢？你的孩子們每次來我們這裡可都是選擇最昂貴、最舒適的房間！」「這一點也不奇怪，他們之所以能夠這樣做。是因為他們的父親是個百萬富翁，而我的父親卻不是。」洛克斐勒平靜地回答。

　　社會上有些人與其說是在遭受著缺錢的痛苦，不如說是在遭受著大肆揮霍浪費錢的痛苦。賺錢比懂得如何花錢要輕鬆容易得多。並不是一個人所賺的錢構成了他的財富，而是他的花錢和存錢的方式造就了他的財富。當一個人透過勞動獲得了超出他個人和家庭所需開支的收入之後，他就能慢慢地累積下一小筆錢財了，毫無疑問，他從此就擁有了在社會上健康生活的基礎。這點累積也許算不了什麼，但它們足以使他獲得獨立。

　　節儉是一種美德，它能使我們免遭許多蔑視和侮辱，它要求我們克制自己，但也不要放棄正當的享受。它會帶來許多誠實的樂趣，而這些樂趣是奢侈浪費從我們身上奪走的。

　　節儉並不需要很大的勇氣才能做到，也不需要很高的智力或任何超人的品德才能做到。它只需要某些常識和抵制自私享樂的力量就行。實際上，節儉只不過是日常行為中的節省意識而已。它不需要強烈的決心，它只需要一點點有耐心的自我克制，只要馬上行動就立即能見成效！對節儉的習慣越是持之以恆，節儉就越是容易，這種行為也就會更快地給自我克制帶來巨大的補償和報酬。

　　對那些收入豐厚的人來說，把所有收入全部花在自己一人身上，這種做法是多麼自私啊！即使他有個家，若他把自己每週的收入全部花在養家糊口上而不節省一點錢的話，也是十足的不顧未來的行為。

　　事實上，對於那些最窮苦的人來說，平日裡生活精打細

算，無論這種行為多麼微不足道，但為以後他和他的家庭遭受疾病或絕望無助時提供了應急方法，而這種不幸的情形往往是在他們最意想不到的時候光臨。

相對來講，能成為富翁的人畢竟只是少數。但絕大多數人都可擁有成為富翁的能力，即勤奮、節儉和充分滿足各人所需的能力。他們可以擁有充足的儲蓄以應付他們年老時面臨的匱乏和貧困。然而，在從事節儉的過程中，人們缺少的不是機遇，而是意志力，一個人也許會不知疲倦地辛勤工作，但他們卻沒法避免大手大腳地花錢，過著高消費的生活。

有些人寧願享受快樂而不願實行自我克制。他們常常把自己的收入全部花掉。

「不要輕率地對待金錢，」巴威爾說，「因為金錢反映出人的品格。」人類的某些最好品格就取決於是否能正確地使用金錢 —— 比如慷慨大方、仁慈、公正、誠實和高瞻遠矚。有些人的惡劣品格也起源於對金錢的濫用 —— 比如貪婪、吝嗇、不義、揮霍浪費和只顧眼前不顧將來的短視行為。

沒有任何一個賺多少就花掉多少的人做成過什麼大事。那些賺多少就花掉多少的人永遠把自己懸掛在赤貧的邊緣線上。這樣的人必定是軟弱無力的 —— 受時間和環境所奴役。他們總是使自己處於貧困狀態。既喪失了對別人的尊重，也喪失了自尊。這種人是不可能獲得自由和自立的。揮霍而不節儉足以奪走一個人所有的堅毅精神和美德。

　　當人們變得明智和善於思考以後，他們就會變得深謀遠慮和樸素節儉。一個毫無頭腦的人，就像一個野人一樣，把自己的全部收入都花光，根本不為未來作打算，不會考慮到艱難時日的需求或考慮那些得依靠他幫助的人們的呼籲。而一個明智的人則會為未來打算。

　　所以你需要節省每一項不必要的開銷，避免任何奢侈浪費的生活方式。一項購買交易如果是多餘的，無論其價格多低，它也是昂貴的。細微的開支彙聚起來可能是一筆巨大的花費！

　　貧窮，不僅剝奪一個人樂善好施的權利，而且使你在面對本可以透過各種德行來避免的肉體和精神的邪惡的誘惑時，變得無力抵抗。不要輕易向任何人借債消費，下定決心擺脫貧困。無論你擁有什麼，消費的時候都不能傾其所有。貧困是人類幸福的大敵。它毫無疑問地破壞自由，並且，使一些美德難以實現，使另一些美德成為空談。

　　伴隨著每一項節儉的努力而來的是做人的尊嚴。它表現為自我克制、增強品格的力量。

　　即使一個最健康、最身強力壯的人也會被突如其來的偶發事件或疾病給擊倒。所以，你應該在衣豐食足的美好時期裡為將來有可能降臨到自己身上的，誰也無法避免的壞日子做些準備；你應該為免於將來的赤貧匱乏而累積儲備一些東西，就像枯水期修好防洪堤一樣，並堅信哪怕是點滴的累積都有可能在自己年老時能派上大用場。這樣做既維持老年生活，維護自尊，又能增進個人舒適和社會的健康。節儉絕不

是與貪婪、高利貸、吝嗇和自私同流合污的行為。

不要入不敷出

如今有的人不再滿足於靠誠實和勤奮賺錢了，而是希望突然暴富起來 —— 不管透過投機、賭博還是詐騙。

你可以在大街上、公園中、酒吧裡到處看到奢侈現象。衣著的奢華只是奢侈的表現之一，揮霍浪費的現象在社會生活中屢見不鮮。人們過著超過他們負擔能力的高消費生活，其後果可以在商業失敗中、破產清單上和審判罪犯的法庭上看到。在法庭上，生意人常常被指控犯有不誠實和欺詐的罪行。

有些人打腫臉充胖子，生活水準低下也要做出有派頭的樣子。他們努力把自己打扮得看起來比實際要更高貴些。

這樣的例子還很多：那些「令人尊敬的人」從一種奢侈走向另一種奢侈，肆無忌憚地揮霍著不屬於他們的財富，為的是維持他們遠揚的「名聲」，並在崇拜者面前大出風頭。

當誘惑擺在面前時，應果斷地說「不」，「不行，我負擔不起。」許多人沒有勇氣這樣做。他們考慮的只是自己的滿意，他們屈服、讓步於「自我享受」。而結果往往是貪污、詐騙和毀滅。

如果一個人想要平和、順利，那麼他應當在合適的時候說「不」。許多人就毀於不能說或者沒有說「不」。

不放過任何一個可以節省的機會

洛克斐勒曾說過：「密切注意成本，你就不用擔心利潤。」在洛克斐勒的一生中，他從未為利潤擔心過，因為他最注重的就是節省成本，省卻每筆不必要的開支。洛克斐勒在商海中縱橫一生，他從來沒有忘記節省，一輩子堅持最低成本原則。

為了降低成本，洛克斐勒可以說是千方百計，不放過任何一個可以節約的機會。類似於將 40 滴焊錫焊封油罐改為 39 滴之類的例子比比皆是。

經營企業要注意節省，對於平常人來說，節省主要是在日常生活中。日常生活中節省開支的原則有以下 6 條。

· **避免盲目性支出**：趕時髦，湊熱鬧，是導致盲目性支出的主要誘因。隨意購物，為花錢而花錢，往往會造成積壓和浪費。講求實用，有目的性消費，非當時所需要不花錢才是正道。

· **杜絕有害性支出**：賭博是一個最典型的例子，此外如嗜菸、嗜酒、縱欲等均屬此列。這些危害性支出，不但危及家庭財政，更嚴重的是危及家庭的和睦與完整，繼而危及社會安定，其意義已不僅僅在於勤儉與持家。

· **降低浪費性支出**：例如開燈睡覺，出門不關燈，人離不關水，飯菜無節制等。乍看似是「雞毛蒜皮」的小事，積少成多卻是不小的一筆浪費性支出。

· **限制積壓性支出**：當前市場供應充足，各種商品應有盡有，琳琅滿目。對此預備、預留性質的支出應盡量減少，既可避免積壓資金，又能避免因產品更新換代，或超過保存期、保值期而帶來損失。另外，以躲避通貨膨脹為理由做出提前性、積壓性支出更不足取。

· **延緩損耗性支出**：任何物品，勤於護理總可以延長其壽命，提高使用率，無形中就等於減少了因過早更新換舊而增大的開支。所以，對音響、電視機、電冰箱、洗衣機、空調等大件家電，以及自行車、摩托車等交通工具加強護理，雖非直接開支，也達到了節省的目的。另外，舊物利用、廢物利用則更是直接的節省。

· **利用再生性支出**：家裡放置一把吹風機，放置一套理髮工具，一年即可節省不少上髮廊的費用，這就是再生性支出。多少年前，一般人家都有縫紉機，一切縫縫補補的事都在家裡完成，也是出於同一目的。

為自己儲蓄一個機會

當 19 歲的洛克斐勒被克拉克的投資建議打動時，他的身上有 800 美元的積蓄 —— 雖然這與他個人需要投資 2,000 美元相比還有很大差距，但對於一個工作僅 3 年半，年薪依次為 300 美元、500 美元、600 美元的受僱者來說，存下薪水的大半已經很不容易了。

　　也正是因為他存了一筆相對自己薪水來說的「鉅款」，他才取得了父親比爾的借貸。比爾與洛克斐勒雖然是父子關係，但在經濟來往中完全遵循商業法則。洛克斐勒如果不靠自己的儲蓄建立信譽，比爾絕不會借 1,000 美元給他。事實上，借錢給洛克斐勒的比爾，經常向洛克斐勒要求收回，而一次在成功收回後，又重新借給他。

　　在洛克斐勒的公司裡，他訂了一條原則：即使是 1 美分，也要用心地去珍惜，要把它當成一粒種子，播種下去。他認為經過辛勤的經營和上帝的厚愛，到了第二年，就會收穫 1 美元，這是積少成多的規則。當然，如果你希望累積到 10 萬美元或是 100 萬美元，那就還有很長的路要走。

　　如果你想要實施一個好的發展計畫，那就必須有良好的信用作後盾。你想想看，如果你是一個一窮二白的人，向別人借了一筆錢（比如 100 美元吧），那是一件很難的事情；反之，如果你是一個身價億萬的大富翁，想繼續擴大生產規模，即使你向別人借款 1,000 萬，又有何難呢？

　　許多人通常都不能正確評估儲蓄的巨大價值。這也是一個機遇問題，機遇通常只垂青於那些有準備的人。人們沒有抓住機遇的藉口常常是沒有錢。如果存一些錢的話，總會有很多機遇的。

　　每個人都應當有儲蓄的遠見和機智。這不僅能使自己在患病、面對死亡等不可預知的緊急情況下鎮定自若，而且萬一遭受重大損失，也可以讓自己東山再起。

由於沒有多少存款，我們往往會失去許多機會，而這僅僅是因為我們在一帆風順的時候總是把錢花個精光！

周先生、田先生曾一起任職於一家小型的金屬表面清洗劑廠。周先生於 1990 年南下，至 1995 年就成了該廠的業務經理，月薪 6 萬元。當時在家鄉拿 4,000 元月薪的田先生聞訊趕來投奔周先生，並在其手下當了一名業務員。一年之後，田先生每月的薪資也有約 6 萬元。當然，此時周先生月薪近 10 萬。周先生和田先生當時的薪資也算高收入了。周先生崇尚高消費，每月的薪水皆揮霍一空，而田先生卻精打細算，幾年下來存了 100 多萬元。2001 年的美國「911」事件，令以出口為主的金屬表面清洗劑廠一度陷入資金周轉危機。早已涉足房地產的工廠老闆打算將清洗劑廠平價轉讓，一心一意從事房地產。田先生得知這一消息後，與周先生商議共同出資，頂下該廠。周先生認為此舉甚好，但苦於拿不出錢，無法與田先生聯手。田先生於是四方籌集，加上自己的積蓄，終於以 300 萬元的理想價位盤得該工廠。

2002 年，田先生的工廠業務逐漸回升，形勢喜人。已貴為總經理的田先生仍是精打細算。2003 年春季，田先生的工廠再一次遭遇困境——「嚴重急性呼吸道症候群」（SARS）流行令他的產品滯銷，幸虧他手上仍有 2002 年賺的一筆金額不少的儲蓄，終於挺過難關。

現在，田先生的工廠又恢復了往日的繁榮。不同的是，以前田先生是周先生的手下，現在田先生是周先生的老闆。

周先生每每談及此事，感慨頗多。

　　另有一個年輕人，他多年來一直拿高薪，但卻沒有存上一分錢，不過他總是想儲蓄。他每年都想至少要存3、5萬元，但是到了年末，他總是發現所有的錢又全都不見了。

　　有人問他去年的錢到哪裡去了，他想啊想，原來直到這時，他從來沒有記錄過自己的開銷。他坐下來仔細計算必要的支出，最後發現這部分開支不到他薪水的四分之一。他把所賺到的四分之三的錢全都用在了玩樂上。從此以後，他下定決心把一半的薪水存起來，就馬上到一家儲蓄銀行開了戶，把所有的錢都存起來了。幸好他沒有犯那種許多人都會犯的致命錯誤，就是想等到有了一大筆錢以後才儲蓄。

　　在很短的時間裡，這個年輕人驚訝地發現，只要有了強烈的動機，儲蓄是件很容易的事情。但是他也覺得很奇怪，為什麼當他有了一些儲蓄，看到帳上的錢越來越多，計劃自己買間房子，並想自己當老闆做生意時，自己會感到很高興。第一年結束時，他在銀行有了相當可觀的存款，而他也發現自己並沒有失去任何歡樂，反而獲得了真正有利於身心的愉悅。他改掉了許多曾經使他痛恨自己、縱容自己的壞習慣，同時他更加自重，養成了閱讀和自學的好習慣。每個認識他的人都注意到了他的面貌發生了巨大的變化。不久前，他成為了一個有前景的企業的合夥人。

　　大多數人是難以成就大事的，要他立即累積巨額錢財也是不可能的，但是他們能夠日積月累地慢慢儲蓄，最終還是

能創造美好未來。

有些年輕人對零錢粗心大意，認為那不過是幾塊錢，又不能使自己發財，但是這卻能使他養成一種壞習慣，甚至可能毀掉他的一生。

大多數的人不看重存小錢的價值，年輕人尤其如此。他們覺得如果有了一大筆錢以後，他們才會去存起來，或者進行投資，至於小小的一筆錢就根本做不成什麼事。結果他們總是把為數不多的錢放在身上，成了浪費的誘因，要花掉這些零錢是很簡單的事。

還有這樣一個年輕人，多年以來他都是把錢隨便放在口袋裡的，結果發現那些錢花得快極了，因為他買了很多沒必要的東西。以後，他就試著把錢放在一個小袋子裡，最後發現儲蓄容易多了。他說，這是因為他在從小袋裡掏錢時總要考慮一下，三思而後行，發現自己有很多東西都不必買，而照他以前的做法，肯定就買了。良好的儲蓄習慣往往有助於塑造一個人的品格。如果我們願意做出一點犧牲，願意克制自我，或者願意為了長遠的幸福而放棄暫時的享樂的話，那麼我們對此就更有信心，我們永遠不會把寶貴的積蓄花在不必要的東西上。

在所謂的「負利率」的今天，我們之所以仍然提倡儲蓄，是因為儲蓄能給我們帶來信譽，帶來機會。光靠儲蓄發不了大財，但沒有儲蓄想發大財的話，也是不可能的，因為現在是一個靠錢賺錢的時代。

財不理不順

河不疏不通，財不理不順。

設想一下，假如你能賺到 1 億元，那麼在這 1 億元的財富之中，究竟有多少錢是由勤儉而來？假設你一年存款 1.4 萬元，那麼 40 年可存入 56 萬元，約占 1 億元的 5%，而其餘 95%的財富便需透過投資理財而來。也就是用以錢賺錢的方式，按每年 20%的報酬率，經過 40 年累積賺來的，因此，一生能累積多少財富，不僅取決於你賺了多少錢，而是你如何理財。

理財，簡言之就是「處理錢財」，只要有錢，不管多少，能夠合理運用和處理，就稱之為理財。

人與人不同，每一個人的理財方式也各不相同，這也導致了人們的不同境遇。有的人理財較好，有的人理財糊裡糊塗，甚至很盲目。

許多孜孜不倦地工作，每日為錢辛苦、為錢奔忙的上班族，都曾有過共同的經驗。他們眼看著富人穿高級服飾、住豪華別墅、開名貴轎車，威風八面，令人羨慕不已。然而在欣羨之餘，你可曾想過：「是什麼因素使得他們能夠富有，而我卻沒有？」

不少人將這些富人致富的原因，直接歸於他們生來富有、創業成功、比別人聰明、比別人努力或是比別人幸運。但是，家世、創業、聰明、努力與運氣，並不能解釋所有致富的

原因。其實，其中的還有一個重要的原因是會理財。

不同人生階段的理財目標

　　家庭理財計畫並沒有固定的模式，但基本內容離不開運用金錢這個話題。家庭計畫與企業計畫相比雖然是個小計畫，但從總體看，它也是個系統工程。

　　由於每個家庭的背景不相同，所以訂立的目標也不一樣，但因理財是生活的一部分，而且是一輩子的事情，所以你可以根據不同的生命階段，設定不同的理財目標。

　　第一階段是單身期。通常指走出校門，走向社會到成家立室前這段時間。這個階段，近期目標是從依靠家庭供養轉向自食其力，並為成家立室做準備。遠期目標應是規劃未來，把事業放在重要位置上。為了實現這個階段的目標，一是要埋頭工作增加收入。由於單身期間是人生最快樂、最沒有後顧之憂，而精神和體力也是最充沛的時期，所以應該珍惜追求高薪的機會，或者兼職副業，以求增加收入。二是以儲蓄作為實現目標的理想方法。單身期間除了個人消費支出外，沒有別的負擔，因而是儲蓄的重要時刻，若每個月都在銀行存入薪資的一半，經過 3-5 年的累積，就是一筆很可觀的「餘錢」，不僅可為近期目標的實現提供財務上的支援，而且為遠期目標的實現也有了一個好的開始。三是可嘗試參與高風險投資。俗話說「初生之犢不怕虎」，年輕人一般都具備參與高風險投資的勇氣，由於擁有年齡優勢，即使失敗，還可重新再來。

　　讓我們看看理財高手洛克斐勒在他單身時是如何理財的。

　　1855 年 9 月開始上班時，16 歲的洛克斐勒花 1 毛錢買了個紅色小本子，稱其為帳本甲，他在上面詳細地記下自己的每一筆收入和開支。當時有不少年輕人手裡都有這樣的帳本，但很少有人記得這樣精確。洛克斐勒一生都把帳本甲視為自己最珍貴的紀念物，50 多年後，當他拿出它來一頁一頁地翻看時，幾乎是老淚縱橫、渾身顫抖，可見他的確是睹物生情了。

　　帳本甲表明，洛克斐勒已經能夠自食其力，他只用薪資的一半就足以付伍定太太的食宿費和洗衣婦的錢，完全不用依靠他的父親了。他為自己這段捉襟見肘的青年時期感到自豪。「我買不起時髦的衣服。我記得那時總是從一位售價便宜的裁縫那兒買衣服穿。他把我能買得起的便宜衣服賣給我，這比買那些我買不起的衣服要強多了。」他曾經為自己精打細算中的一個小小的失誤而鬱悶了很長時間。原因只是他花了 2.5 美元買了一副毛皮手套，換下他過去戴的那副毛線手套，但他到了 90 歲還為那次令人震驚的奢侈之舉喋喋不休。「時至今日我仍然弄不明白，當時怎麼會浪費 2.5 美元去買那副平平常常的手套。」

　　第二階段是成家立室期。成家立室生兒育女，自己已建成一個獨立的家庭。此階段的近期目標是築好自己的窩，承擔家庭日常生活開支，包括兒女的撫育與培養以及迎來送往的開支。遠期目標是追求富裕、健康而幸福的生活。為了實

現這些目標的做法是：其一，精打細算。面對成家立室後開支多、應酬多的情況，花錢要算了用，而不能用了算，該花則花，應省則省。例如住房的裝修，家具的添置，不能一味追求高品質，要視自己的財力而定。將各種需要排出順序，首選的應是生存需求，然後再考慮享受和發展的需求。購買生活用品要力求價廉物美，例如一件東西有標價 300 元，也有標價 1,000 元，如果品質大同小異，價錢較便宜的商品應是首選對象。其二，夫婦同心治家。如今，男主外女主內的年代已經過去了，現代婦女外出工作已經十分普遍，男女雙方都有收入，在這樣的情況下，夫婦之間要避免各行其是，要講家庭民主，收入可以合在一起，誰會理財交由誰掌管，並制定預算方案。錢財用途或投資或購物要事前商量，統一思想。對家庭錢財運行情況，主理家庭財務者要定期通報，對理財方面出現的問題，夫婦雙方應同心協力尋找補救措施並付諸行動。其三，適度考慮投資，發展壯大財力。成家立室之後，中年的威脅迫在眉睫，要充分利用這個階段累積財力，發展自己的事業。在生活開支用度已經解決，並留有一定儲備作為急需之用外，對剩餘的錢，不能讓它白白閒置，要及時投入投資，為安度後半生作累積。

　　第三階段是中年期。人到中年，古有所謂「四十而不惑」之說，就是說中年是成熟期；又有所謂「人到中年萬事忙」的說法，就是說中年期間是事業的高峰期，然而中年期過後就是老年了。這個階段的近期目標是利用自己充沛的精

力和豐富的經驗，創下一份可觀的家業；長期目標是為自己能安享晚年打下經濟基礎。為了實現這些目標：其一，重視投資的流動性。所謂投資的流動性是指較易脫手變成現錢的投資，要充分利用自己的經驗和財力，快速地從於己不利的投資中解脫出來，另選投資效益頗佳的，因而加快以錢生錢的速度。其二，投資安全取向。俗話說，歲月不饒人，人到中年不能過於冒險，一旦賠掉，就沒有多少回轉的餘地。因此，投資的方式需要以安全性為主要考慮。例如銀行存款、短期票據、長期債券、房地產投資等，都是安全性高的投資項目，都可以穩健地為自己帶來固定的收入。其三，尋找新機會和新事業，中年人的目標是發展自己的事業。積極尋找機會，開闊自己的眼界，重新訂立今後若干年的發展方向，對於自己的未來會有一定的幫助。

　　第四個階段是退休期。目前我國退休年齡為 65 歲，一些特殊行業的退休年齡還要低 5～10 年。這個階段的目標主要為安度晚年與發揮餘熱。為了實現這個目標：其一，要保持收支平衡。退休後除有特長者可重新就業外，一般人沒有工作，其固定收入主要靠退休金和家庭資產帶來的利息。例如租金收入、股息收入、存款利息等。由於這筆錢有限，加之年老，身體健康狀況有所下降，醫療費用開支是一個不可忽視的數目，故在個人消費上要力求節省，以達到收支平衡。其二，注意享受人生。辛苦了一輩子，晚年才是真正享受人生的時間。此時，可在財力許可的範圍內，把錢用在不同的

享受之上。比如從事健身活動、社會交往、上老年大學、養寵物以及外出旅遊等。其三，發揮餘熱。老年人的知識和經驗是一生中最豐富的時期，而知識和經驗就是財富。隨著市場經濟的發展，仲介機構的增多，一些有某方面專長的老年人可充任顧問之類的角色，既為社會作貢獻，又充實了自己的晚年。其四，正確對待遺產安排。任何人都會為自己撒手人世做準備，將自己的財產留給自己的家人。提早考慮遺產分配的問題，做好計畫，自己才能心安理得。

理財計畫如何制訂

在英國作家狄更斯的著名小說《塊肉餘生記》（David Copperfield）裡，有一位密可白先生曾經制定了一個家庭憂樂的公式：收入 20 英鎊，支出 19 鎊 19 先令 6 便士，結果快樂；收入 20 英鎊，支出 20 鎊 6 便士，結果憂愁。的確，家庭收支平衡並略有節餘，日子過得踏實，生活沒有憂慮，心中自然快樂；如果家庭入不敷出，捉襟見肘，為著虧空和負債擔憂，日子總是不太愉快。

有些人不顧自己的經濟收入，圖虛榮，愛面子，講排場，追求超前消費，結果債臺高築。有個年輕女工，每月的薪資只有 8,000 多元，但她卻擺出一副「闊小姐」的派頭，為了博得男朋友的歡心，外出遊山玩水，來回搭飛機，出入坐轎車，吃住高級飯店，經常彈指間花掉 5 萬多元。結婚時，購買貴重家具、高級音響、大螢幕液晶電視……把家庭

布置得富麗堂皇，還在餐廳大擺酒席，宴請賓客。他們似乎為自己築起了一座幸福的殿堂。誰料結婚後，負債累累，債主紛紛上門討債，苦不堪言。為圖虛榮，到頭來空歡喜一場，夫妻倆的感情也隨之亮起紅燈。可見，在債臺上建築起的家庭現代化，並不能給你的家庭帶來真正的幸福。

家庭理財是一種使家庭財富保值增值的方法，是透過對家庭收入的科學管理、合理有效分配，實現經濟價值最大化的過程，這一過程的成功實現離不開系統的家庭理財計畫。

完善的家庭理財計畫可以使家庭「財政」處於一個比較寬鬆的環境之下，確保理財重點，避免家庭財政問題，因而使家庭處於一種積極向上、穩步發展的狀態中。同時，系統的理財計畫還能促使家庭成員養成良好的消費和思維習慣。

遵循以下的步驟，便可以「量身定製」出一份適合自己的理財計畫：

- **估量收支狀況**：這是家庭理財計畫的起點，包括初步分析家庭未來可能出現的收支狀況，形成判斷並分析收支實現的條件。
- **確定家庭理財目標**：這是制定理財計畫的第一步，是在估量收支狀況的基礎上，為家庭確定理財工作的目標，並確定重點。
- **確定理財計畫工作的前提條件**：即確定實施理財計畫的預期環境。對具體條件了解得愈細愈透，理財計畫就會做得愈細。

· **擬定多種可選方案，透過綜合評價確定方案**：要避免只
 訂一個方案，只有考慮多種情況，擬訂備選方案，才能
 在比較中找到最切實可行的方案。

· **制定派生計畫**：即子計畫，它是家庭理財總計畫的基礎，
 總計畫要由子計畫來保證。對於人口少的小家庭則無需
 這一步。

· **透過家庭預算，量化理財計畫**：這是最後一步。為了讓
 計畫切實可行，還要編制詳細的預算，使計畫進一步得
 以量化。在編制家庭理財計畫時，要不斷地對照現實，
 同時要遵循以下幾個原則。

  ◇ **木桶原理**：木桶能盛多少水，取決於最短的那塊木板。意
   即家庭成員要對家庭理財計畫實施的限定因素有詳細的了
   解，只有這樣才能有針對性地制定有效的行動方案。

  ◇ **目標細化**：任何一項計畫其預期實現的時間越長，完成的
   可能性越小，因此，長期的家庭理財計畫一定要落實到許
   多小的子計畫中去實現，否則效果不一定好。

  ◇ **保持靈活性**：在制定計畫時一定要留有餘地，否則完成的
   可能性會減小。

  ◇ **及時修訂**：理財計畫的實質是為了更好地實現家庭財產管
   理的目標，但計畫只是方法，而不應成為枷鎖。當客觀現
   實與計畫出現重大不符時，要及時修訂，重新編制切實可
   行的家庭理財計畫。

如何做好家庭預算

　　家庭理財活動看起來比較簡單，但要理好財卻並非易事。理財者必須協調好家庭的收入與支出、消費與投資、現期需求的滿足與未來需求的滿足等多方面的關係，詳細編制好可行的預算，並且堅持下去。編制預算的目的在於強迫自己做到每月的開支比收入少。許多人認為「預算」就是過度節省，放棄享受，犧牲當前的美好時光。事實上，如果你堅持預算，其結果正好相反，預算是實現家庭理財投資目標的保證。

　　編制預算必須遵守以下的原則：

- **多入少出的原則**：充分滿足家庭消費需求，保證每月有一定數量的儲蓄，兩者的比例大體上可確定為 9:1，即消費 90%，儲蓄 10%。要用 90% 的支出達到 100% 支出的同樣效果，就必須動腦筋精打細算。

- **合理投資的原則**：在有限的收入中，用於投資的多了，則用於消費的就少；反之，投資少了，用於消費的就多了。進一步來說，現行的投資將化為將來更多的收入，是為了滿足將來的需求。現期的消費多了，就會影響將來需求的滿足。因此，必須適當控制現期消費。

- **保證重點原則**：在預算過程中，如果沒把錢花在重要目標的實現上，那麼儘管這時可能達到了收支平衡，並滿足合理的投資比例，但這種預算方案是不符合要求的。

有限的錢不能花在刀口上，實際上是一種浪費。因而必須保證重要目標的實現。

· **確實可行原則**：維持每個月的開銷在預算範圍內。預算符合當前的情況，才具有實用性。為應緊急事故之需，應該以現金保留一筆金額，至少要相當於 6 個月薪水的緊急支用基金。

· **堅持執行的原則**：預算務必形諸於書面，置於明顯的地方，並持續追蹤執行的情況。如果僅將編好的預算擺在抽屜裡，則一點也起不了作用。

堅持執行預算，你必然可以存下更多錢。缺乏經濟概念的人或家庭主婦可以使用「家計簿」，使每個月的收支都一目了然，真正實現預算目標。

家庭經濟要做到收支平衡和有節餘，就必須精打細算，做好預算，制定計畫，合理安排。有的人花錢心中無底，花到哪裡算哪裡，「上半月雞鴨魚肉，下半月蘿蔔青菜」。家庭經濟一旦出現赤字，夫妻間就互相指責：「錢花到哪裡去了？怎麼這麼快就花光了？」由於不善持家，以至造成夫妻隔閡，在生活中是常有的事。據調查，家庭經濟隔閡是導致婚姻破裂的三大原因之一，對此，不能不引起高度重視。因此，對家庭經濟做好預算和決算，是很有必要的。就連大哲學家黑格爾，在他主持家政時，也專門設了一本帳本，把所有的開支都記在上面，盡量做到每月收支平衡。當然這樣做是繁瑣一些，但黑格爾並不感到煩惱，反而十分愉快。因為

這樣做，既可以作為勞動的調節，又在家政管理中增進了夫妻感情。

　　當前，大多數的家庭其收入還不是十分富裕，還必須講究科學持家，合理花錢。經濟消費學告訴我們，任何商品都有它的生命週期，都會受到價值規律的支配，都要經歷問世、成長、飽和、衰落的過程。一般來說，購物的最佳時期是產品的成熟期，最差時期是產品的問世期和衰落期。道理很簡單，任何一種商品，剛開始生產的時候，數量少，價格貴，品質不穩定，在這種情況下，如果不是非買不可，就不必花費高價去搶購。等到該產品大量生產，價格降低了，品質提高了，再買也來得及。而到了衰落期，產品要更新換代，很快會被人們淘汰掉，錢花得便沒有價值。

　　當然，每個家庭的消費結構會有所不同。對家庭經濟富裕的人來說，則應該適當提高消費水準的層次，增加家庭的文化措施。有的家庭富裕了，花些錢到名勝古跡去旅遊觀光，增長見識；有的花上幾萬元，買一架鋼琴供子女學習音樂；有的訂閱大批報紙雜誌，購置大量書籍，這就是健康的消費。

　　家庭的經濟管理，與家庭和睦、婚姻幸福、生活快樂密切相關。為了我們自己和家庭的幸福，應該學點家庭理財知識。

拓展收入的管道

如果把你的收入比做一條河，而你這條河中只有薪資流入的話，永遠也不能擁有豐富的水資源。對此，你需要多拓展一些支流，來保證你收入的河流有充足的水量。

舉辦奧運會是當今世界許多國家夢寐以求的美事，它除了能幫助舉辦國擴大知名度外，還能夠帶來大量的經濟收益。但有誰想到，幾十年前的奧運會，還是一場「虧本」的「買賣」呢？

1976 年，加拿大承辦奧運會，虧損了 10 億美元，至今他們還要為此繳納「奧運特別稅」，預計到 2030 年才能還清全部債務。1980 年在莫斯科舉行的奧運會，據說蘇聯當局的花費也達 90 億美元之巨。因此，對於 1984 年奧運會，許多國家及城市卻望而生畏，沒有勇氣承辦，卻只有美國的名城洛杉磯願意承辦 1984 年的第 23 屆奧運會。

1979 年，46 歲的企業家尤伯羅斯（Peter Ueberroth）知難受命，接受了這項艱巨任務，他擔任了組委會主席。組委會成立時明確宣布，本屆奧運會不由政府主辦，完全「商辦」；組委會是獨立於美國政府以外的「私人公司」。為了籌集資金，尤伯羅斯絞盡腦汁，決定利用一切可以利用的力量。盛況空前的洛杉磯奧運會，沒花東道主美國的一分錢，反而盈餘 1,500 萬美元的奇蹟就是成功的典範。

這屆奧運會最大的一筆收入，是靠出售電視轉播權籌

集的。組委會開出的國內獨家轉播權的價格是 2.2 億美元。這個價格是蒙特婁奧運會電視轉播權價格的 6.6 倍，是莫斯科奧運會電視轉播價格的 20.6 倍。價碼開出，美國 3 家最大的電視廣播網都認為價格過高，一時難以定奪。曾經買到過莫斯科奧運會電視轉播權的國家廣播公司（National Broadcasting Company, NBC）開了 4 次董事會都舉棋不定。美國廣播公司（American Broadcasting Company, ABC）請了幾十位經濟專家仔細計算，認為有利可圖，於是，便率先下手，搶在國家廣播公司前買下了電視轉播權。

第二項大收入，是請私人公司贊助。在這方面尤伯羅斯吸取了 1980 年紐約冬季奧運會的教訓。那屆奧運會沒有規定每個單位最低贊助金額和單位數目，結果贊助廠商雖有 381 家，卻一共只給了 900 萬美元的贊助費。本屆奧運會規定，正式贊助單位為 30 家，每家至少贊助 400 萬美元，在每一個專案中只接受一家贊助商。而贊助商可取得本屆奧運會上某種商品的專供權。這樣一來，各廠商為了宣傳自己，互相競爭，出高價搶奪贊助權。

尤伯羅斯親自談判每一宗贊助合約，運用他卓越的推銷才能，引起同行業間的競爭。當 IBM（International Business Machines Corporation）決定不參加贊助的時候，尤伯羅斯打電話給該公司的主席，指出贊助洛杉磯奧運會的公司，可以在下一代青年腦海中留下全球性公司的形象。當然，他不會忘記警告對方，另一家規模巨大的電腦公

司也有興趣，逼得該公司乖乖簽約。

在伊士曼柯達公司（Eastman Kodak Company）認為贊助費太昂貴，表示沒有一家攝影器材公司願意付出 400 萬美元贊助費時，尤伯羅斯警告他們，已有外國競爭者與之爭奪贊助權，但該公司仍然執迷不悟。尤伯羅斯毫不遲疑地把贊助權賣給日本的富士軟片股份有限公司（Fujifilm Holdings Corporation）。於是，日本富士公司以 700 萬美元的贊助費，戰勝柯達，取得這屆奧運會專用底片供應權，使柯達公司追悔莫及。

「可口可樂」（Coca-Cola, Coke）和「百事可樂」（Pepsi）兩家飲料公司的競爭也十分激烈。「可口可樂」搶先一步開價 1,300 萬美元，成為本屆奧運會開價最高的贊助商，取得了飲料專供權。本屆奧運會贊助費總收入達 1.3 億美元。

第三項大收入，是門票收入。這屆奧運會的門票價格是相當高的，開幕式和閉幕式門票售價分別為 200 美元、120 美元和 50 美元 3 種。門票總收入達 8,000 餘萬美元。

還有諸如聖火接力和出售會標的商標專利權的收入。聖火接力所採取捐款的辦法，也是尤伯羅斯想出來的。奧運會聖火是在希臘點燃的。這一屆洛杉磯奧運會在美國國內的傳遞儀式，由東至西，全程 15,000 公里，沿途經過 32 個州 1 個特區，在 7 月 28 日奧運會開幕時準時到達洛杉磯紀念體育場。聖火傳遞權是以每公里 3,000 美元出售。不少廠商花

錢買下 1,000 公里,僱人參加聖火接力,來宣傳自己公司,僅這一項收入就達到 3,000 萬美元。

尤伯羅斯透過上述辦法,開拓了許多條收入的管道,他終於籌集到 5 億美元,從此改變了前幾屆奧運會經濟上虧損的歷史。

無論是受僱於人還是老闆,都要學會尤伯羅斯「開源」的方法。個人「開源」的方法很多,比如說投資金融市場,兼職等。

額外收入也須管理

額外收入是每一個家庭或多或少都會有的,如:單位的各種獎金、業餘寫作的稿費、有獎儲蓄或各種彩票的中獎、親屬遺產的繼承、親友饋贈、銀行存款利息等等,金額從幾百元、幾萬元到上百萬元不等。不少家庭對固定收入的管理很認真,每月薪資怎麼花,都有計劃,可是對於額外收入的管理就很放鬆。

筆者有一個朋友小周,因工作出色,年底得到了公司一個 30,000 元的大紅包。這筆額外的收入讓他消費時闊綽了起來,整個春節他都大手筆地花錢。結果春節過後,他一數錢包,發現除去 30,000 元的紅包不算,春節比往年還多花了 20,000 元。小周後悔不已,自嘲地說:「沒有那個紅包可能會更好。」

其實,額外收入也是家庭收入來源的一個重要組成部

分，管理好額外收入與管理固定收入一樣重要。那麼，家庭對額外收入應如何管理呢？

- 有了大筆收入，若暫時沒有明確開銷，最好及時專項存入銀行。根據家庭消費計畫，擇期儲蓄，如想要買東西，但暫時還沒時間或沒拿定主意，就把錢暫時存在銀行為手中有大筆的錢，平時花起來就隨便，就有可能將大錢變成小錢。

- 有了額外收入，可以購買一些必需物品，錢多可以買個大件，錢少也可以買點小物品，選擇既有實用價值，又有紀念意義的家庭用具，讓小錢花得有價值。

- 對於額外收入應注意合理控制支出，要將其列入家庭消費計畫之中，視為家庭機動收入，支出時也要歸於家庭特殊支出之類。

- 保證「專款」專用。節約與浪費的區別有時並不很明顯，「專款」專用是克服額外收入消費盲目的一個好辦法。如稿費，可以用來買些書，訂些報紙雜誌，進行「智力投資」；還可用於親朋饋贈，歸還「人情債」等等。

- 如有大筆額外收入也可用來做些家庭小投資，以錢生錢。如購買國庫券、有價證券，適時也可炒股等等。根據個人愛好和資金多少以及特長擇「優」投資，利用額外收入賺取額外收入。

投資方向如何確定

很多人在投資時不能充分地把握重點，結果資本不但沒有增值，反而虧了本。面對眾多的投資方式該如何去選擇呢？最重要的是要看這種方式是否真正適合你，換句話說，要因人而異、因「時」而異、因地而異。

· **以資金實力決定投資**：假如我們手中有萬把元，便只能選擇投資小見效快的方式，如升值潛力可觀的郵票、磁卡等；假如手中有幾百萬元，就可考慮買住房，既可供自己居住，又可保值增值。

· **以職業決定投資**：如果我們對股市比較熟悉，並且資訊比較靈通，還有足夠的時間去逛股市，那麼選擇股票作為投資重點無疑是好的方式。假如我們的職業充滿危險，把一部分資金投入到保險上，這種方式再恰當不過了。

· **以年齡決定投資**：人在各年齡段的責任、需求、抱負、承受能力是不同的，所以有人把人生投資分成五個階段，即尋求期、探索期、建立期、平穩期、高峰期，每個階段都有各不相同的投資方式和投資需求。年齡的大小決定了投資的差異，年輕人在投資的路上即使摔倒也照樣能爬起來再走，而老年人由於受身體、年齡等各種因素的限制，一旦失敗就很難再有機會。因此，年輕人可以選擇風險較大、收益較高的投資品種；而年齡較大

者，在選擇投資品種時就應注意安全性和收益穩定性。

· **以個性決定投資**：個性決定著自己的興趣、愛好，同時也決定著一個人是保守型、穩健型還是冒險型。各個投資種類都相對存在著優點與缺點，如儲蓄、國債、保險收益穩定，風險係數小，比較適合穩健型的人去投資；股票是高風險、高收益的投資方式，適合有冒險精神並有很強的心理承受能力的人去投資。

熟悉的專案是投資的最佳選擇

在選擇投資專案時，越是對各種投資專案不了解、不熟悉的投資者越是習慣於打聽何種投資項目報酬率高，或聽信其他人的介紹進行投資。在糊裡糊塗中，投資者持有了一些對於他們來說很神祕的投資籌碼，其風險性可想而知。

通常情況下，投資者不熟悉、不了解自己進行的投資項目，只能任其波動，放任自流，這正是風險發生的最大破口。投資者不熟悉自己所進行的投資，也只能聽信其他人的介紹或相關資訊，而道聽塗說或輕信正是投資者進行投資的大忌。

購買自己不熟悉的投資專案，其收益越高，風險也越大，此時，對收益的追求或說貪婪可能會壓倒擔心和謹慎。相對來說，選擇自己熟悉了解的投資項目，充分利用自己已有的專業知識和成熟經驗，是投資穩定成功、安全獲益的有利因素。

　　可行的辦法是在每次投資前，投資者將自己目前所掌握的有關投資資訊列出清單，並依次分析自己的熟悉程度與獲利可能性，避免投向那些趨於跌值（不論是突然下跌還是和緩下跌）並可能造成重大損失且捉摸不定的投資專案。

　　投資者也不要輕信那些聽起來都不可能的事。投資時不應該急躁，絕對不能在與他人第一次交談時就同意投資。在與任何人進行投資交易之前，要完全弄清對方及其所代表的公司的詳細情況，對其信譽等進行全面的考證。而對於一些自稱經紀人或代理人所提供的相對有吸引力的投資細節，要進行宏觀的分析，即從大處著眼對其思考。如價格便宜的房地產是否存在著品質上的問題，而高收益的債券是否其信譽度很低。只有弄明白了有關問題，投資者真正達到了熟悉該產品的程度時，才可下定決心投資。

投資態度要端正

　　端正的投資態度，要求投資者一要認真，二要嚴肅。

認真

　　體育成績出眾的運動員，必然會很認真地對待他的體育事業；廚藝出眾的廚師，必然會很認真地在廚房裡預備食物和烹調；武功精湛的武林高手，也必定曾經認真苦練。不經一番寒徹骨，哪得梅花撲鼻香。投資也是一樣，認真的態度是成功的根本。

　　不過，很多投資者在投資時，卻不太認真。這可能和許多讀者的看法不同。比如：每日在各家證券行裡，在銀行裡，在外匯投資公司裡，都擠滿了大堆買賣股票、證券和外匯的投資者，他們在全神貫注地看價位，如果你妨礙他們，令他們看不到價位，他們可能真的會和你拚命。這難道還能說他們不認真？

　　你也許會留意到，當市況景氣，順著他們的投資方向時，他們都會喜上眉梢，春風得意；但當市場失利，股市大跌，就會悲極而泣，若是僥倖能逃脫，就會鬆一口氣，感到死裡逃生。這還不夠認真嗎？

　　事實能證明一切。看看幾年前科技股的熱潮，你就知道那不是真的認真。當年 TOM. COM 招股時，香港滙豐銀行外大排長龍，保守估計，香港港九、新界共有 20 多萬人在排隊，包括家庭主婦，休假人士，以及那些原應上學的大學生和原應上班的在職人士，都趕來排隊，到處都充滿了投資者。

　　可是，當各媒體記者訪問排隊的人，他們很多人原來根本就不知道 TOM. COM 從事的是什麼業務，他們也根本沒有讀過公開說明書。他們大多數都只是跟風走，只為獲取一點橫財，心態和賭博沒有什麼分別。這是認真嗎？真正的認真，一定是平時把市場研究透徹。

　　投資是一門學問，並不是有點閒錢，就隨機抽樣買股票或外匯，然後才緊張地看價位。連投資理論和基本技術都不

知，那怎能算是認真？

　　大金融企業投資，必然認真，雖然認真也同樣難免遇到風險，可是，若無認真的態度，那盲目投資者的投資還會有多少勝算？這個問題的答案不問可知。

嚴肅

　　投資並不是玩，小孩子可以玩遊戲，到遊樂場去玩，玩鞦韆，玩滑梯，玩得高興固然不枉此行，就算玩得不高興，也可以拍拍屁股說：「不玩了。」投資可不是這回事，玩投資，就是在拿自己的錢開玩笑。就好像在賭博中，如果不採取嚴肅的態度，隨意玩玩，可能會玩到身無分文。

　　上教堂是嚴肅的，到大學裡聽教授講課是嚴肅的，到診所求醫是嚴肅的，上法庭是嚴肅的，投資市場同樣也是嚴肅的，絕對不可以鬧著玩。

　　嚴肅是一種心態，而心態卻會影響行為。

　　就投資人的身分而言，投資也是最重要的事，是最嚴肅的事，不應鬧著玩，不能掉以輕心。只有嚴肅的態度才可以使投資人成功。

　　什麼是嚴肅的態度？那就是投資有計畫，要有分析；人人之前有充分準備，資金的安排早有預算；買賣的價位透過走勢技術分析，而不是亂買亂賣；投資之後，對市場出現的變化知道如何應對。還要經常留意市場的資訊，進行市場分析，這才是以嚴肅態度處理投資。也只有這樣，才稱得上是

一個成功的投資人。

用腦而不僅僅是用錢去投資

投資需要什麼工具，最單純、最直接的答案，就是「錢」，投資無錢不行，錢是投資必備的工具。不過，仗恃著財大氣粗，卻無知無識，以為這樣就可以投資賺大錢，那是異想天開。投資存款市場也不錯，家世好，含著金湯匙出世，把繼承父母的鉅款存入銀行裡收息，每年收數百萬，那當然不必動什麼腦筋，也不必具備知識。

無疑，這樣的人可以按月收到鉅款，但他們絕對不是成功的投資人。況且，世界上這樣幸運的人，也沒有多少個。市場上大多數的投資者，都要小心照顧自己的財富，因為財富得來不易。而且，若是對於投資有期望的，有大志的，就應運用投資人最寶貴的資產，那就是頭腦。成功的投資人是用大腦去投資的。當然，需要有啟動資金去做投資，投資畢竟是以錢滾錢的行業。但是，必須善於運用頭腦，否則不良投資將使你破產。

用腦去投資，需要先學習知識，學習一切和投資相關的知識。知識可以改造命運，投資的命運也要依靠知識來改造。學習知識，然後在這些知識的基礎上，進行分析，依據投資理論把這些知識組合起來，建立技巧，運用技巧，這才是真正的財富。

成功的投資人，一定擁有豐富的投資知識，熟悉種種投

資技巧，而且頭腦靈活，隨時變化。他們會自己看事，自己分析，不是完全依賴那些投資專家。就算他們把錢交到基金經理人手中，也是經過頭腦抉擇，絕不會草率盲目。

做金錢的主人

　　洛克斐勒從小就是一位熱衷於行善的人。在他有了工作的第一年裡，這個年輕的職員就把6%左右的薪資捐給了慈善機構，有時捐的數目還要大得多。他說：「我還保留著最初的帳本。當年我每天只賺1美元時就拿出5分、1毛或者2毛5的硬幣捐給那些機構。」他曾捐錢給設在曼哈頓南部的一個著名貧民窟裡的「五要點傳教會」（Five Points Mission），也施捨過「教堂裡的一個窮人」和「教堂裡的一位窮婦人」。截至1859年他20歲時，他捐獻的比例已經超過了其收入的10%。

　　洛克斐勒在自己經濟尚處於艱難狀況下，仍熱衷於從經濟上幫助他人。等到後來有錢了，他的慈善事業就更加「變本加厲」。據統計，洛克斐勒一生共捐贈了5.3億美元，其中4.5億投向了醫學事業。

　　錢只是我們的僕人，它可以幫我們達成許多目標，給我們帶來快樂；若一個人成了金錢的僕人，身心受到錢的支配，則會變成一個人格低下、毫無尊嚴的可憐蟲。

享受賺錢的樂趣

人人都希望有錢，大多數人都表示如果能多賺錢，他們願意多工作；但是面對金錢、時間和興趣的選擇時，很多人並沒有將金錢擺在第一位。現在有些年輕人寧可少賺點錢，也要做一份更有意思的工作。一位超市的收銀員每月收入不菲，但是她說：「我不喜歡這項工作。我現在每月存錢，希望終有一天能自己開書店，那才是我的生活，即使賠錢我也願意做。」一位銀行的職員每月都有相當高的收入，但他並不滿意這樣的生活。他說：「我其實很厭倦每天穿西裝打領帶跟錢打交道，我更喜歡從事廣告設計，那才是我心目中創造性的生活，收入低一點又有什麼關係？」

消費時代人們離不開錢，但有些人卻願意為了享受樂趣而捨棄部分收入，這是幾個世紀以來金錢觀念不斷變革的結果。專家們透過調查發現：過去金錢是罪惡，直到 1970 年代人們還以金錢為恥；最近幾十年，金錢卻成了主宰，人們被金錢奴役，想錢賺錢，終日為錢所累；現在，金錢終於找到了最合適的角色。它們不再役人，而將為人所役，人們不再被金錢選擇，怎樣賺錢、賺多少錢，人們可以自己去判斷。

好了，現在請你放鬆頭腦裡繃緊的弦，停下忙碌的左手和右手，坐下來好好想想你賺錢的目的是為了什麼？如果是為了享受到更高品質的生活的話，你現在的所作所為是否違背了初衷？

　　人們追求金錢，是為了使生活過得更舒適；但奇怪的是，人們一旦有了錢反而更忙碌，更無法舒舒服服地過日子。

　　猶太商人是世界上最瀟灑的商人，他們最會賺錢，也最會享受生活。

　　有一次，美國商人約翰‧巴布森搭乘專機到以色列參加一項商務談判，到達的那天恰好是週六。巴布森在美國備受交通堵塞之苦，因而對這裡街上汽車稀少、交通暢通無阻的情況感到很奇怪。他問猶太商人謝文利：「你們首都的車輛這麼少嗎？」

　　「你有所不知，」謝文利解釋道，「我們猶太人從每週的星期五晚上開始，一直到星期六的傍晚為止，是禁菸、禁酒、禁欲的時間，一切雜念皆暫時摒除至九霄雲外，一心一意地休息和向神祈禱，人們大都待在家裡，所以街上來往的汽車比平日起碼減少一半。從週六的晚上起，才是我們真正的週末，是我們盡情享受的時候。」

　　「你們猶太人真懂得休息與享受。」巴布森羨慕地說。

　　「因為我們知道唯有擁有健康的身體，才能享受快樂的人生，」謝文利不無得意地說，「健康是猶太商人最大的本錢。要想擁有健康的身體必須吃好、睡好、玩好。我們猶太人雖然長時間浪跡天涯，遭人歧視和迫害，但並沒有因此而絕種，這與我們注重養身之道是分不開的。」

重視賺錢的過程

　　金錢代表了外在的豐富，而內心則代表了內在的豐富。如果我們把賺錢看作是努力的目標，那麼我們就看不清金錢被發明的原因，也看不清金錢究竟在為什麼服務。

　　專家們經過多次研究發現，一個人內心的滿足和快樂似乎在人們欣賞實際工作步驟中而顯得起伏不定。換言之，傑出的人士並非為擁有財富或身居要職而快樂，實際上，他們的快樂反而在享受著工作過程裡每一步驟中的每一細節部分，正是：工作中自有樂趣，自有天地。

　　在這方面，有位科學家頗有同感地告訴人們：「我能充分享受工作所帶來的樂趣，我從事業中所獲得的最大滿足，全部來自工作時的樂趣，其中包括在工作中好奇心的滿足及閱讀其他人所寫的研究報告。」

　　在美國，社會學家針對富人們做過一個調查。被調查者之中有83％的人年薪超過50萬美元，並擁有各種物質財富，如好幾幢房子、轎車、藝術品及其他豪華奢侈的設施；此外，他們的成就也贏得社會大眾及專業人士的褒獎。因此，他們比一般大眾擁有較高的社會地位。但大部分的被調查者並不重視物質上的報酬，他們擁有金錢，但並不為金錢而奮鬥，對他們來講，理想、精神的滿足才是最重要的。

錢多之後怎麼花

「從某一個角度看，金錢就像火 —— 是你忠實的朋友，又是你的災難源頭。當你被它控制，當你帳戶上的利息不斷增多的時候，你就會慢慢變成它最可怕的奴隸。」 —— 這是洛克斐勒對兒子的告誡。

有這樣一個笑話：某個地方的一名暴發戶，坐名牌車，戴名牌錶，穿名牌衣，著名牌鞋。總之，凡是可以炫耀的地方，他用的都是名牌貨。一日，他駕車外出兜風，發生交通事故。他倖免於難，當救護人員費了九牛二虎之力把他從車廂裡救出來時，他一看到自己豪華的轎車已被嚴重撞毀便號啕大哭：「哎呀！我的『賓士』呀，我的『賓士』呀！」這時，一名救護人員發現這個暴發戶的手臂已被撞斷了，便生氣地對他說：「就知道哭你的車，瞧瞧你的手臂吧！」那暴發戶瞧了一眼手臂，接著又大哭起來：「哎呀，我的『勞力士』呀！我的『勞力士』呀！」

笑話中的暴發戶在物質上很富有，但精神上卻很貧乏。除了可以炫耀的財富之外，沒有風度，沒有學識，沒有理想，沒有修養，在某種程度上，可以說他「窮」得只剩下了錢。一個視金錢比生命還重要的人，與其說他擁有財富，不如說財富擁有他。

近來某些富有的人中，比財力、擺闊、縱欲被看作「瀟灑」，別墅、美女、寵物成為追求的目標。

　　這種種現象，已經不僅僅是怎麼花錢的問題，它反映出一些人的價值觀、道德觀。比財力顯闊，絕不是富裕之後的必然行為。美國的百萬富翁斯坦利認為，變富的關鍵是緊緊控制住錢，那些高收入者不會累積錢財，總是把錢花在幾乎沒有價值的東西上，因此他們始終難以成為百萬富翁。世界上有許多大富豪儘管腰纏萬貫，但卻並不張揚。斯坦利說：「事實上，你沒有必要一定要戴一只價值 5,000 美元的手錶，沒有必要去坐豪華轎車。」他舉了一個例子，美國百萬富翁喜愛的是價格適中的福特轎車。有位百萬富翁獲悉他的朋友們計劃在他 65 歲生日時送給他一輛勞斯萊斯後，便很快通知朋友們千萬不要這樣做。這位百萬富翁說：「這是與我的生活風格極不相稱的。如果你擁有這樣一輛車，你必須換掉你的房子，必須去買套相稱的家具，必須更換所有與之不相稱的物品，著實地打扮自己一番。」斯坦利還調查了一些百萬富翁所買的最貴的服裝，結果有一半人說他們從來沒有買過價格超過 390 美元的衣服。

　　大多數的富翁都有自己的花錢模式。他們可能在某些花費上出手闊綽，但在某些支出上卻又異常儉省。譬如，著名的台塑集團董事長王永慶可以為了設廠投資幾億臺幣，然而在私人生活上卻相當節儉，連家人使用的肥皂、牙膏都不容許有半點浪費；即使宴請賓客他也不講排場，大都是以春捲、潤餅、肉粽等傳統的臺灣小吃款待。

　　在臺灣商界赫赫有名的「威京小沈」沈慶京擁有的資產超過數十億元。這位白手起家的富豪平常不太注意吃、穿，就連領帶有時候也懶得打。偶爾有朋友批評他的西裝款式不夠新，料子不夠好，他總是不以為然地回答：「馬馬虎虎啦！」不過，若是被他發現公司內的影印紙消耗過多或電燈沒有隨手關掉，他常常會給相關負責人一頓訓誡。

　　李嘉誠的兒子曾經問李嘉誠：「爸爸，我們賺這麼多錢到底有什麼意義？」李嘉誠的回答很簡單：「賺錢多可以愛國，回報社會。」

　　李嘉誠是眾所周知的香港首富，但他的一些表現卻顯得有些吝嗇。至今他仍然堅持身著藍色的傳統西服，佩帶一只26 美元左右的廉價手錶，並自豪地說：如今花在自己身上的錢比年輕時少多了。

　　多年來，李嘉誠一直自己支付各董事的薪水，從公司收取的酬金不論多少，全部撥歸公司；他在公司裡不領薪水，每年只拿 600 多美元的董事費，沒有其他福利津貼，所有的私人用品包括午餐也從不報公帳。

　　但和其他許多富豪一樣，他花在慈善事業上的金錢和時間卻不少。如今他將 20% 的時間都用在慈善活動中，並表示將來要為慈善事業投入更多的精力與資金。李嘉誠已經捐了 5 億美元用於修建各類學校、醫院以及開展醫療研究活動。不久前，他又捐出 2 億港幣用於支持身心障礙人士事業。

　　有人問李嘉誠是否考慮過捐贈眼角膜，他灑脫地表示：

「我早已說過，到時所有還有用的器官，我都願意捐出來。」

　　「我確信，有大量金錢必然帶來幸福這一觀念需要改變，因為人們並非因有錢而得到愉快，愉快來自能做一些使自己以外的某些人滿意的事。」透過洛克斐勒的這句話，我們能領悟到一些什麼？

第五章　管好你的口袋

第六章　婚姻是人生最重要的投資

如果你的婚姻「投資」獲得勝利的話，你的事業
將會因此而具有一個堅實的基礎。我覺得，沒有
什麼事情比幸福的婚姻有更強大的事業推動力。
　　　　　　　　　　　　　　　　　── 洛克斐勒

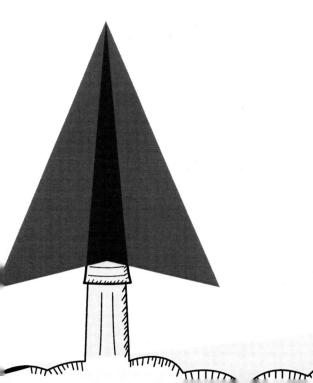

將「婚姻」與「投資」聯結在一起，似乎充滿了功利
的色彩。然而事實並非如此，洛克斐勒在用「婚姻
是人生最重要的投資」來告誡兒子們時，他並沒有
提出「門當戶對」、「家財萬貫」之類的世俗標準。
愛情是非理性的，因此也就有了所謂的「一見鍾
情」。但婚姻還應該是理性的，因為婚姻意味著責任
與擔當。洛克斐勒是這樣闡述他對「婚姻是人生最
重要的投資」的理解的：

「對結婚不反覆思考，不認真將其組合為人生十分
重大的一部分時所得到的懲罰，就會是離婚、精神
上的痛苦，大多數結果是存款的銳減。其精神上大
部分的痛苦，是跟隨婚姻的破裂接踵而來的、容易
發作的、伴隨著失敗症候群的痛苦；若有子女的問
題困擾，這痛苦將更為倍增。你還沒有當父親，還
未體驗過父親對子女的感情。夫妻之情殘酷地變得
越來越冷，還尚可忍耐；可大人們對親生骨肉的感
情卻是永遠也不會冷卻的。離婚必然會帶來巨大的
骨肉分離之痛。

從一位從商者的角度來思考，那麼結婚這一嚴肅的
事實，本身便是將自己投入的重大投資。我將從兩
個方面加以說明。一方面，幸福的婚姻是人生重要
的支柱，其積極作用是不可估測的；另一方面，不
幸的婚姻所招致的損失同樣深不可測。要取消不幸
的婚姻，不僅要做出將財產分出一半的犧牲，在此
基礎上還必須長期為未成年子女支付數年的生活補

貼費用。現在的年輕人對婚姻的態度一般來說是過於隨便草率了。「兩個人過不下去乾脆分手算了」，這類的話充斥於耳屢聽不鮮。輕率地對待這一人生大事的確太悲哀了，而隨之而來的無窮苦惱則更令人痛心！

投資對象的資質

當洛克斐勒的兒子西恩在為婚姻的事而苦惱時，洛克斐勒對西恩說：

「（婚姻）這一投資對象應該具備怎樣的資質呢？如果你徵求我的意見作為答案，你應該選擇溫柔、善良的人品好的女性，你要仔細地觀察她是否有媚俗與嫉妒心太強的一面，這一類性格婚後將惹起無窮的後患。你千萬不要去接近那些長舌婦，對性格貪婪的女人也要視之為瘟疫，遠遠地避開。

我勸你認真考慮聰明賢慧的女性。如果她具有優雅的氣質，注重裝飾，談吐恰如其分，則更為理想。她身為一位真正的共同經營者，與你對等地交換意見，如果她具備這一能力就更是錦上添花。

也許你會只憑爽朗的性格與出色的美貌來選擇你人生的共同經營者。但事實上你應期待著你的伴侶知識豐富，為人誠實，氣質典雅。

如果你對婚姻的投資非常適宜的話，就可以很快地在人生大路上昂首闊步。婚姻的威力是無窮的，無可比擬的，要

提高自己的價值，沒有比與愛妻同步前進更為有效的努力方法了。」

　　洛克斐勒的妻子蘿拉·塞萊斯蒂亞·斯佩爾曼（Laura Spelman Rockefeller）通情達理，成天樂呵呵的，並且和約翰·D·洛克斐勒一樣忠於職守、勤儉持家。在洛克斐勒看來很難能再找到一個比她更加面面俱到地合乎自己價值標準的年輕女子了。他倆在基本的生活觀點上可謂心心相印。蘿拉比約翰小兩個月，長得小巧玲瓏，圓圓的臉，深褐色的眼睛，濃密的栗色秀髮從中間分開，在前額流暢地梳到腦後。洛克斐勒忍受不了吵吵鬧鬧的女人，而蘿拉恰恰說話和舉止都很輕柔。然而，她和約翰一樣，溫柔的表面掩蓋著堅毅的內心。她「溫柔可愛，但意志堅定，」她姐姐露西評論她道，「每次她把手十分溫柔地搭在你的手臂上，都會讓你覺得心軟。她還有和約翰一樣的地方：和藹可親的態度背後有著堅強、持久的意志力。別看她愛笑，平時總是顯得嚴肅、拘謹。」露西回憶道：「她極具自制力，從來不發脾氣，也沒有年輕女孩的那種輕佻。」

　　如果說洛克斐勒在金錢上的理智投資讓他富可敵國的話，那麼他在婚姻上的明智「投資」讓他的家庭和睦。有錢不一定幸福，有錢加上家庭和睦則幸福觸手可及。更何況自古以來有「家和萬事興」之說。因此，婚姻的確是人生最重要的投資。

膽小鬼抓不住美人心

「膽小鬼抓不住美人心」是洛克斐勒時常掛在嘴邊的一句口頭禪。這句話他一般是用在商業投資的決策上。當人們他是如何抓住妻子蘿拉的心時，他卻不願意透露自己求愛的細節。於是人們推測當時有一個方法更為高明的人也在追求蘿拉。1864 年 3 月，洛克斐勒擔心他的情敵會擊敗自己，便認為到了先下手為強的時刻了。一個知情人士回憶道：「約翰‧D 想把她娶到手，於是有一天去見她，鄭重其事地向她求婚，就像提議做一樁生意一樣。她也鄭重其事地接受了。」可以想像，他倆當時都鬆了口氣，不好意思地妳看著我，我看著妳。

求愛，可以分為浪漫式的求愛和講求實際的求愛。這兩種求愛方式，如果缺乏追求愛的藝術，又都能導致失敗。

求愛是戀愛的起點，求愛的失敗意味著理想中的愛情被扼殺在搖籃裡，也可以說是一種愛的挫折和命運的不幸。

求愛的方法有很多，但應因時制宜，應地制宜，應人制宜。

浪漫式求愛

隨著社會的不斷開放，人們越來越受文化傳媒（如文學、電視、電影等等）的影響，並且對其中的一些浪漫式的愛情越來越感興趣，在愛情生活中，人們也越來越浪漫。因

而，浪漫式的愛情故事越來越多。

　　浪漫主義方式的愛，又稱一見鍾情，即在雙方沒有什麼交往的前提下，瞬息之間憑印象產生的愛。一見鍾情有兩種：一是「一見」之後相互鍾情，即兩人相見之後立即產生了友愛，並且溝通成功，從此就開始戀愛。另一種是「一見」之後單一鍾情，即在相見之後，一方愛上了另一方，而另一方則不然。在這種情況下，如果鍾情的一方向另一方求愛，就很可能遭到拒絕，這就是求愛失敗。

　　浪漫式的求愛失敗原因有很多。首先，兩人沒有交往的經歷，雙方互不了解，求愛者可能單憑某種印象或契機愛上對方，可是對方卻沒有產生愛，也不會隨便相信一個陌生人的愛，就不會輕易接受求愛者。一般說來，愛必須以了解為基礎。社會心理學的人際吸引理論已經證明：熟悉是決定喜歡的一個因素。只有熟悉，才可能產生信任，只有信任才能產生愛。因此，人們不會輕易去愛一個陌生人。其次，浪漫式的求愛不具備成功的情境。因為對方不熟悉、不了解求愛者，對之沒有什麼肯定的情感，更沒有進入情感的熾熱狀態，突如其來的求愛反而會使對方莫名其妙。求愛成功必須依賴恰當的情境，比如掌握對方資訊，自身的情感熾熱化，恰當的時空，特別重要的是要激發對方情感，把對方帶入角色。然而浪漫式的求愛並不具備這些條件和情境，尤其是求愛時對方處於「死寂」狀態，因而就只能是以失敗告終。愛的爆發要靠一股熱情，正如炸彈少不了引信一樣。只有當雙

方之間都富有熱情時，愛的航道才能開通。

然而，人們總是希望自己的行動能收到如願以償的效果，求愛者更希望自己的求愛能獲得圓滿成功，因此，求愛者一旦失敗便會覺得愛的希望破滅了。對此，有的人也許幾天之後就會進入正常狀態，這種人往往這樣自我寬慰：準備不足就應不抱多大希望，既然沒有任何基礎，自己愛得並不深，更沒有從對方那裡獲得愛，也就沒有多少值得留戀和惋惜的，來得快的愛失去也快；可是，另外一些人則會感到很難過、很痛苦、很懊喪，他們可能這樣認為：在還沒有真正了解和交往時，對方就表現出如此大的吸引力，倘若經過深一步交往，甚或生活在一起，那該多麼幸福啊！因此，得不到他（她）太可惜了！

這種浪漫主義式的求愛失敗也可能給失敗者造成失戀錯覺。求愛不成，自己的愛被否定了，就可能以為自我被否定了，愛情破滅，因而感到若有所失。這樣，有些人在很長一段時間內都會煩惱、苦悶、憂愁和喪失信心。但是，一般說來，過一段以後這種心態就可能自行消失。因為浪漫式的求愛一般是由表面印象，比如身體的吸引力、才華的表現等引起的，這種愛並不堅定和深刻。

浪漫式的求愛多發生於男子中，有一些男士往往為女士的美貌、溫柔、熱情所吸引而冒昧地求愛。男士勇氣足，易衝動，失敗了也容易恢復，不但熱得快，而且冷得也快。相反，女士不易於浪漫地求愛，但善於單相思。在純單相思型

的假失戀者中，女士多於男士。因為女士成熟早、懷春早，善於細心觀察，並且考慮婚戀問題時比較嚴肅、認真，而又不易於衝動和激發情感，有比男士更強的壓抑和自控能力，因此，默默地愛著，苦苦地相思著的女士較多。

現實性求愛

　　一般說來，求愛必須有其現實的交往基礎，在一定認知基礎上的求愛就是現實性的求愛。不過，認知既可以是一個人對另一個人的認知，又可能是雙方的相互認知。因此，現實性的求愛又可以分為兩種：單一認知基礎上的求愛和相互認知基礎上的求愛。前者是一方了解和熟悉另一方，而另一方則不了解和熟悉彼一方；後者是相互了解、互相熟悉。這兩種求愛有可能成功，也有可能失敗。

　　單一認知基礎上的求愛有如單相思一樣，多半發生於對「風流人物」的愛。在一個社區、一個單位、一個群體中，相對來說，總有一個或幾個最出眾的、最引人注目的頂尖者。儘管這樣的「名人」不一定了解、熟悉別人，但別人卻對這樣的人有所了解或比較熟悉。在一個班級中，學生幹部、課業成績好的、在各項活動中表現突出的男生，往往會成為女生的追求對象；而那些比較漂亮、溫柔可愛的女子則容易成為男生追求的目標。在其他團（群）體中也一樣，出眾的人總是人們追求的目標。然而，這種追求往往很難成功。首先，一般人對「名人」滿意，但「名人」不一定對一般人有

好感。因為有的「名人」認為一般人配不上自己，不能構成「門當戶對」；有的認為對方之所以向自己求愛是因為自己有名氣，對方愛的是名氣，而不是自己本人。假如有別人代替了自己的名氣，對方也許就會去愛別人；或者當自己身敗名裂時，對方便不一定繼續愛自己。鑑於這種看法，「名人」常常會拒絕自己不太了解的人的求愛。另外，有的「名人」或許是因為不了解對方、或者是因為自己春風得意而目不斜視，或者是因為另有選擇等原因而拒絕對方的求愛。

其實，儘管有些人向「名人」求愛是因其有名，但也有相當多的人並非如此。他們向「名人」求愛，絕非為其名氣所吸引，不是愛其名，而是愛其實。只是因為他（她）出眾才被了解和認知，而名氣並不是愛的對象和原因。由於人們廣泛地尊重、崇拜、宣傳「名人」，求愛者對其情況可能瞭若指掌，一旦發現「名人」的思想本質能與自己構成心理平衡，便去求愛。這樣的愛是永存的，不管其名是否長久，因為追求者愛的不是人的名氣，而是有名的人；並且只要是這個人，有無名氣依然愛戀不變。但是，即便如此，「名人」對此卻不一定能理解。因此，要想求愛成功，必須首先設法讓「名人」了解自己，進而讓名人理解自己的愛。這就是恰當而充分的自我暴露。把自己的基本特性：內在本質、思想情感、價值、信仰體系巧妙地暴露給「名人」，以便他（她）了解、熟悉自己。其次，也是主要的，就是使「名人」確信自己的愛是高尚的而不是庸俗的。這關鍵在於正確地對待「名

人」的名氣，不能瞎吹亂捧，而應深入了解、客觀評價；在其得意時，不去捧場沾光；在其困難時，要主動、熱情、真摯地去幫助和支援。只有這樣，才能贏得「名人」的愛。很多「名人」往往愛上一個在眾人看來不相稱的人，其奧妙就在於此。絕大多數「名人」討厭那種「勢利型」的人，因為每個人都只愛自己看來值得愛的人，絕不想愛一個虛情假意的人。一般說來，關心人、體貼人、賢慧的女子是有「名氣」的男子所喜歡的，而那些庸俗的女子根本不可能成為其愛人。明理、剛毅而有志氣、不卑不亢的男子是女孩所要尋求的，而那些低三下四、投其所好、胸無大志的男子則會使女孩們退避三舍。

　　單一認知基礎上的求愛失敗，求愛者會感到很失望和可惜。失敗者可能會產生自卑感，或者由自省到自強。在日常生活中，兩者都存在。

　　求愛的另一種更為普遍的形式是在相互認知基礎上的求愛。在這種情況下，求愛者與被追求者之間相互熟悉、有所了解，並有一定的交往基礎，甚至還可能有一段友誼。但是，透過了解雙方並不合適，即不能達到心理平衡 —— 至少在被追求者看來是這樣；或者是出於家庭或其他方面的原因，以致求愛失敗。這種失敗，因為雙方有過一段交往，容易被誤解為失戀，即把求愛前的交往特別是友好的交往等同於戀愛，把友誼等同於愛情。這是一種最典型的假失戀，這種假失戀者幾乎有失戀者的全部心理特徵和行為表現。

　　一位在銀行工作的女孩，與在外地大學讀書的高中同班男同學通信一年後，相互之間均有所了解，並且開始建立了很好的友誼。有一天男子收到女孩的求愛信，當時他考慮到雙方並沒有真正、全面地互相了解，時機不成熟，並且就讀大學剛一年，因而婉言謝絕了。可是，這位女孩感到非常苦惱，認為這位大學生欺騙了自己，拋棄了自己。於是就大肆攻擊對方。這位女孩實際上已經視對方拒絕求愛為拋棄自己。然而，她沒想到：每一個人都有愛和求愛的權力與自由，被追求者也有自行處理的自由和權力。既可以接受和回報，也可以拒絕。

　　事實上，求愛失敗並不是失戀，求愛只是建立戀愛關係的起點，在此之前還根本沒有戀愛，甚至沒有溝通，怎麼可能會失戀呢？因而，失敗者的失戀感覺只是一種錯覺：把一般的異性交往等同於初戀，把友誼、異性間朋友式關係等同於愛情，把拒絕求愛等同於拋棄愛人。這幾個等式是以認同作用為契機建立的。這種因為自己心中愛對方，並且也希望對方回報自己的愛，往往會把對方對自己非愛的但是友好的言行認作愛的舉動。於是，就滿心以為對方已經愛自己，一旦求愛就可大功告成。因而一旦事與願違，失敗者就會把一切罪責都歸於對方，自己在失戀的錯覺世界中向隅而泣。

　　在現今社會交往中，異性之間除了愛情關係、性關係，還有更為普遍的和寶貴的朋友關係，愛情之外還有友誼。當代青年切忌把兩者混淆，而要清除這種狹隘思想，樹立正確的戀愛觀和人生觀。

做個成功的丈夫

俗話說「家和萬事興」、「一個成功的男人背後一定有一個能幹的女人」，妻子可以成為丈夫事業上的得力助手和忠誠的夥伴。在困難的時候，她為你分憂；在成功的時候，她與你分享快樂。反之，如果夫妻之間隔閡重重，家庭糾紛不斷，這不但於事業無補，生活也會失去樂趣。

愛情是人類偉大的情感之一，是文藝作品中永恆的主題。然而，現實生活中相當多的人卻不懂得如何去愛。

我們常常在路上看到對對情侶如膠似膠，含情脈脈。但也看到有些夫妻結婚沒多久就勢如水火，分道揚鑣，甚至惡言相向、大打出手。許多人被離婚糾紛弄得焦頭爛額，痛苦不堪。

如何在家庭中扮演好丈夫的角色？這個問題值得新時代的男人仔細思考。

有很強的責任心和事業心

在女人眼裡，好男人不僅僅是外表像男人，而且內心也要像男人。也就是說，好男人不光要長得英俊、瀟灑，還要有很強的責任心和事業心。

如今，女人在選擇配偶時，對男人是否事業有成，看得越來越重。

什麼是責任心？責任心就是自覺地把自己應該承擔的責任勇敢地、不推託地承擔起來。責任有大有小，有對社會的

責任，也有對家庭的責任。

對於女人來說，她們往往更看重後一種責任。她們認為，丈夫當不當大官，並不重要，而丈夫顧不顧這個家，卻是現實問題。

有的男人，領了薪水或做生意賺了錢，只顧在外享樂，跳舞、喝酒、賭博，天天晚上不回家，對家務不管，對孩子的學習不問。這樣的男人，女人就不滿意。

根據調查，現在的離婚由女方提出離婚的超過七成。這個資料應該引起男人的警惕。

當然，有責任心並不是說叫男人不要事業，一天到晚圍著女人轉。實際上家庭的責任與社會的責任並不對立，兩者可以相互促進並兼而顧之。男人如果不做好自己的事業，家庭將失去重要經濟來源，這本身就是對家庭最大的不負責任。男人在外，因為工作有些應酬是必要的。但一定要把妻子孩子安排好，恰當地處理好事業與家庭之間的關係。

成熟、穩重而有主見

許多女孩喜歡找比自己年齡大的男人做丈夫，這是因為多數女孩對世事不甚明瞭，對許多事情總有些膽怯、信心不足。她們不願找同齡人的原因，是覺得對方不成熟，不能幫助自己提升。

「讓我和他一起摸著石頭過河，我沒有安全感。」一位女大學生這樣評論自己和原來男友的關係。

　　有位女演員在回答記者關於「你喜歡什麼樣的男人」時說：「讓我有安全感吧。我不覺得非得找一個特別帥的男孩子做男朋友。因為我以前是學跳舞的，帥男孩見過很多，但我覺得他們蒼白，沒有內涵。因為我年齡小吧，我覺得他應該在你不懂的事情、或者不明白的道理上幫助你，提升你。我的閱歷很少，生活經歷也很簡單，可能不會找同齡的人。」

　　一個熱戀中的女孩甚至說：「從不敢頂嘴、對女人百依百順的男人，不算是男人。」

　　因此，做為一個男子漢，一方面要尊重女人，一方面應該穩重、成熟、有主見，讓女人跟你在一起時感到安心、安穩，使她們在心理上有可靠、可以信賴的感覺。

　　而以上這些都與男人的素養有關。一個淺薄、粗鄙的男人怎麼能讓一個有知識的女孩喜歡？如果一個男人自己無能、軟弱，又怎麼能幫助女孩提升？

　　所以，一個男人要想吸引女人，首先應該不斷學習，提高自身素養。做一個成功的男人，就要有強烈的使命感，而不是整天混日子，不學無術。

　　如果你的女友比較幼稚，獨立性較差（這是女孩子的弱點，也是可愛之處），你就要像照顧孩子一樣呵護她、幫助她。

　　比如，當她碰到一些複雜的情況，一時沒了主意，徵求你的意見時，你若是說：「我也沒辦法，你自己解決吧」；或者說：「隨你怎麼樣，我沒意見。」她就會十分失望。在她

看來，這是不負責任的推託之辭。也許，她會覺得你沒有主見，甚至覺得你無能。

這時你應該設身處地為她著想，為她考慮，負責任地提出你的意見。但不要強加於她。

如果她的某些行為不妥，你也應該委婉地向她指出，而不應視而不見，聽之任之，否則她之後也會埋怨你的。但應該注意點到為止，不可多說。

對於某些女孩，你不僅要做她的男朋友，還要準備做她的兄長甚至父親。

時常向她表達你的關愛

有一段外國格言說：「天下最難相處的，就是婦女。你若諂媚她，她就驕傲。你若打罵她，她就怨恨。最好的法子就是愛她。」

記得一位女作家說過這樣的話：女人好像天生就是為了愛而活著。愛丈夫，愛孩子，也渴望被丈夫愛，尤其是渴望那種被丈夫愛的滿足，被丈夫嬌縱的炫耀。

女人在潛意識裡常把自己當成受寵的「小妹妹」。所以男人必須經常疼愛她。有時女人喜歡在心愛的男人面前撒嬌，這是其天性的表露。

一般來說，女人都特別愛面子，有人說是愛虛榮。不管怎樣講，這是女人的心理特點之一。這個特點也表現在夫妻關係上。

一些男人在追求女孩時，格外主動熱情，但婚後卻像換了一個人。他們認為：「結婚就是結伴過日子，哪有那麼多情啊愛的！」抱持這種觀點的人還不少。

上述觀點在以前也許不無道理。因為那時對大多數人來說，解決溫飽問題是首要任務，夫妻們只要能平平安安地過下去已經不錯了。

但今日的女性則不同，由於物質條件的改善，她們對於溫飽型的夫妻關係不再滿足。

對此，一位婚姻問題專家指出：「婦女並非只靠麵包生活，婚姻也不能只靠麵包來維持。」

社會在發展，人們要求更高的生活品質。相應地，人們對婚姻生活的要求也在提高。顯然，用過去的習慣來對待新時期的女性是不合適的。

有人說：「婚都結了，孩子也有了，還說什麼甜言蜜語！我用實際行動證明不就行了！」

然而女人的心理特點是：她們喜歡自己心愛的男人經常說些甜言蜜語。如果你說她是注重形式，她會理直氣壯地告訴你：「是的，在愛情上女人就是注重形式！」

譬如，當她生日的那一天，不要忘了送她一樣禮物。這禮物可以是一件衣服、一個小飾品、一對耳環、一盒巧克力、一盒蛋糕、一束鮮花……她也許並不在乎你送給她的東西是否貴重，但她在乎你是不是記得這一天。也就是說，她在乎你心裡是否有她。

冬天，她在洗菜時，對她說：「水太冷，不要凍壞了手。還是我來吧！」

到親友家吃飯，把好吃的菜夾一些到她的面前。

與她一起外出時，她的頭髮被風吹亂，用手幫她梳一梳。

平時經常與她說一些俏皮話，開開玩笑，逗她開心。

也許你是位大忙人，但無論多麼忙，也要時常抽出時間來陪陪她，與她一起聊聊天，逛逛商場。

這些貌似平常的小事情，卻能使女人感到無比溫馨，極大地增進夫妻之間愛的情趣。

經常讚美、感謝

有兩幅漫畫是這樣的：第一幅的標題是：「從奴隸……」。畫著一個年輕男子手捧鮮花，謙恭地笑著，向一位身穿洋裝的女孩深深鞠躬。

第二幅的標題是：「到將軍」。畫的是婚後的妻子坐在小板凳上滿頭大汗地洗衣服。而西裝革履的丈夫卻悠閒地坐在沙發上仰頭抽菸。

漫畫看了讓人忍俊不禁。漫畫有些誇張，雖然現在洗衣機普及了，用手洗衣服的人已經不多。但卻反映了一些男人結婚前後的不同。

電視臺某個節目中，有一位中年婦女，這樣講述自己的家庭生活。她說：「我雖然長得不漂亮，但也喜歡打扮得時

尚。有時候我打扮好了，請先生過來看看，他總是不聲不響，要不就說一句：『俗氣』！」

看得出來，這位婦女有點委屈。

不能說她的丈夫不愛妻子，只是他不善於表達。

女人大多數是顧家的。她們心甘情願地把自己的一生奉獻給丈夫和孩子。女人對家庭的付出，不圖什麼回報，卻願意聽到丈夫對她付出的肯定。

所以，當你的妻子為全家烹煮了可口的飯菜，當她把家裡裡外外整理得乾乾淨淨，當她把乾淨的衣服遞到你的面前，請不要忘記稱讚一聲：「我的老婆真能幹！」「謝謝老婆！」

當週末全家人聚在一起吃飯時，不要忘了給她倒上一杯啤酒或飲料，說一聲：「我先敬可愛的老婆一杯！」

當她打扮完畢，來到你的面前，無論你正在做什麼，也應該抬起頭來，細細打量一番，評價幾句。當然，說話要真誠，不可虛偽。如果她並不漂亮，你卻說她像仙女，她會認為你是在敷衍她，肯定不是真心話。你可說：「在我的眼裡，妳是最好的！」

你可以時常把以前的合照拿出來，共同回憶甜蜜的往事，同時不要忘了稱讚她的青春和亮麗。

沒有人不需要真誠的肯定與讚美，其中包括你的妻子 —— 家庭的「半邊天」。

寬容大度而又果斷堅強

女人理想中的男人是這樣的：

如果一個男人跟女友或妻子發生了爭執。第二天，她心裡雖然想和好，但嘴上卻不說。這時候，男人應該不計前嫌，買包她喜歡吃的零食，主動去找她，像什麼事也沒發生過一樣，高高興興地喊：「親愛的，看我帶了什麼給妳！」

這時，她一定會芳心大悅，內心想：「嗯，這人還不錯，是重視我的！」

不過，男人要記住：只能在「某些事情」上讓著她。假如處處讓著她，讓她事事作主，男人將會自嘗惡果。

在男女相處中，愛得過了頭與愛得不夠，同樣不可取。不論是男人還是女人，都不可以過於「寵」對方。要知道過分的愛，是會害了對方的。

男人對女人要關心、體貼，但不可以因此失去男兒本色。關鍵時刻，男人要有主見，要堅毅、果敢，而不是優柔寡斷、拖泥帶水。

增進夫妻感情的法寶

有人曾發出「婚姻是愛情墳墓」的感嘆。他們之所以這樣，就是對婚後雙方出現的種種缺點沒有正確的認識。社會學家把婚後的前幾年稱為「夫妻感情最困難的階段」。

　　一般來說，熱戀中的男女雙方，不管他們是以何種方式認識的，都對婚後的生活充滿著美好的憧憬。由於愛慕，他們往往看到對方的優點、長處多，看到對方的缺點、短處少，甚至把對方的一些缺點也看成是優點。再加上接觸的時間和方式有限，雙方之間都有意識地把自己的缺點隱藏起來，因而就更加難以全面地互相了解。結婚以後，這些心理發生了變化，雙方的缺點也比較容易暴露和被發現了；再加上夫妻既要參加工作，要整合家庭的生活，還有履行撫養子女和贍養老人的義務，擔子是比較重的，因而產生些隔閡也是難免的。但是對這些隔閡卻不能忽視，小問題不及時解決常常會釀成夫妻感情上裂痕，以至影響家庭的和睦。因此，雙方要共同努力，克服各自的缺點。

　　一個人不可能沒有個性或缺點，因此在婚後發現對方存在很多缺點也是正常的。夫妻間要能容忍對方的個性，適當作出讓步，甚至作出一些犧牲。不能強求別人一定要和自己一模一樣。想像中的事離現實生活總會有一定的距離，唯一的辦法是適應現實，不能苛求於對方的性格、脾氣、興趣愛好、文化素養等。對於愛人婚後表現出來的缺點，應當冷靜地進行分析，滿腔熱情地幫助其克服。若口角不斷，那就不利於夫妻感情的培養。也不要有意識地去設法「改造」對方，這樣的努力十有八九會遇到失敗。

相互諒解，消除隔閡

夫妻間只有相互諒解，才能縮小或消除夫妻間的隔閡，使家庭和睦。

夫妻間隔閡的根源大多是由日常生活小事所致。只要不是什麼原則問題，就不必斤斤計較，否則，日常生活中的隔閡就太多了，要做到「大事不糊塗，小事不計較」。

有時一方在外受了挫折，承受了很大的壓力，回到家中，另一方應給予安慰，不要「雪上加霜」、「內外夾擊」，這樣會使對方受不了。

當一方發火時，另一方最好採取「冷處理」，不要針鋒相對，以硬碰硬，應等他平靜下來再說。吵架之後，要善於給對方「臺階下」。可以尋找一些機會說幾句無關緊要的話，開開玩笑等。

對待家庭中的各種問題，要多商量。相互諒解，顧全大局，才能夠親密無間。

不能一味「我隨你」

有些女人，為了避免夫妻之間的糾紛，一味地順從自己的丈夫，做什麼事情時，都對丈夫說：「我隨你」。

其實，家庭和睦的基礎是相互尊敬，一味順從，並不能使家庭和睦。比如，你的丈夫很自私，周圍的人們都討厭他；或者，他的大男人主義思想嚴重，回到家裡「飯來張口，茶

來伸手」。這時你一味地順從他，就是順從了他的缺點和錯誤，助長了他的不良作風。這會使他變得蠻橫不講道理，給家庭潛伏下危機。

況且，有的男人很不喜歡無主見的女人。一味順從，只是表明自己缺少知識，沒有頭腦，不能給丈夫的工作、事業有所幫助。

要自尊、自信、自立、自強，有獨立的人格和獨立的思想，是一個現代女性所應具備和追求的。而順從、依附則不是現代婦女的特徵和風格。

夫妻間要善於互補

尺有所短、寸有所長，人和人之間總會有這樣或那樣的差異，因此，夫妻之間要善於互相彌補、互相融合、取長補短。

· **思想上**：按說，夫妻之間應該是比較了解的。但是，許多人在結婚以後才發現對對方思想深處的許多東西還不了解；再說，人的思想總在不斷地變化。因而要經常不斷地進行夫妻之間的思想交流。

· **心理上**：妻子在生氣的時候，丈夫用微笑、安慰、歡樂使她的情緒穩定下來。若丈夫取得一點成績，沾沾自喜，頭腦發熱，妻子及時提醒他冷靜些，告訴他「虛心使人進步，驕傲使人落後」。

· **性格上**：夫妻都有個性，需要相互尊重，取長補短，既

要有堅定性，又有靈活性。

· **生活上**：主要表現在家務勞動上，丈夫力氣大，就多做些粗活；妻子心靈手巧，就多做些縫紉、烹調之類的工作。

· **事業上**：如果夫妻是同行，可互相幫助，共同進步，互為助手；如果夫妻不是同行，那麼也可以幫對方出主意，查資料，做些力所能及的事情。

家與愛的對抗

年輕人獨立之後，總有一個朦朧的期望，期望在人生旅途的前方找到一個終身的歸宿，這個歸宿其實就是「家」的概念。家是愛情鳥巢，有愛情的家是溫馨的家，有家的愛情是能夠兌現的幸福的愛情。但遺憾的是，愛與家之間也存在著令人感到不幸福的隔閡，這種隔閡沖淡了家的溫馨，也沖淡了愛情的濃度。家雖然是獲得愛情的男女的安身之所，但有些男女卻不安於室的，他們的愛在家的空間裡激蕩著，衝撞著，似乎從來就沒有平靜過和安居過，而對家與愛的對抗，人們一直在探討著能夠使兩者調和的良方。

日本厚生省有個離婚案件統計資料，其中婚後第 6 年到第 10 年間離婚占離婚總數的 24.3%，居第二離婚高峰。過了這個高峰，離婚的浪濤就為數不多了。

為什麼戀人情投意合攜手進入婚姻生活，而且經過 6-10

年的生活大多有了活潑可愛的孩子後，婚姻的殿堂還會哀音繞梁，婚姻的長河中還會產生「七年之癢」式的門檻？一句話：「厭倦和不勝負擔」。

夫妻感情的淡化

人們對事物的珍重，往往在追求它的過程中顯得更突出，愛情也是這樣，在追求異性的過程中顯得無比的熱情和急切，一旦過著夫妻生活就會有所冷淡。

結婚之後，夫妻之間往往不像戀人之間那樣相互親熱和富有吸引力了，雙方都感到過去的愛情喪失了一部分。有人說，婚姻是愛情的墳墓，就是對這種現象的誇大。

作為一種很普遍的現象，婚後愛情的淡化與異性好奇感的消失密切相關。一般說來，在結婚之前，戀人往往期待著結婚，寄予結婚以十分美好的希望，憧憬著婚後的幸福生活，結婚以後，希望得到的都得到了，好奇感也就沒有了。

婚後愛情的淡化還與婚後夫妻雙方注意力的分散和轉移相關。在戀愛階段，戀人都是聚精會神地與對方交往，以各種親密的方式傳送和接受愛。新婚蜜月階段也是這樣。可是，蜜月之後，夫妻的注意力分散了：要工作，要考慮吃、穿、住，要應付各種社會關係，要照顧和贍養長輩。特別是有了小孩以後，母親為其生活而操勞，父親為教子成龍而奔波，注意力為孩子所吸引，甚至連話題也是孩子中心論。這樣，夫妻之間就很難有戀愛時那樣多的甜蜜交往，更不如新

婚時那樣興趣盎然。因而，有的人不免覺得感情冷淡，若有所失。

其實，隨著種種社會倫理關係的建立，儘管沖淡了夫妻之間直接的情感交往，但間接性的交往卻時時刻刻在進行著，中間繩索把兩人拴得緊緊的，如果是現實主義者則會感到愛在加深。比如夫妻間的相互關照、對孩子的教養、家務的操持等等都是愛情的現實表現，透過這些活動可以幫助、體貼對方，加深感情。愛情並不在於說多少愛的囈語，而是要見之於行動。正如某位哲學家所說的：「愛一個人意味著什麼呢？這意味著為他的幸福而高興，為使他能夠更幸福而去做需要做的一切，並從這當中得到快樂。」

儘管結婚之後，好奇心滿足了，注意力有所轉移和分散，但愛情並沒有完結，愛的表現方式更多了，愛的體驗更深。一個方面的因素沒有了，其他方面可以到來，甚至還會更充實、更全面、更牢固，問題在於每一個人能否體會到這種生活的樂趣。一個會生活的人，也就是奮力追求愛並真正懂得愛的人，對種種輸出和輸入的形式，他（她）都能適應，並加以發展。

夫妻隔閡的由來

岡察洛夫（Ivan Goncharov）曾經說過：「愛情就等於生活，而生活是一種責任、義務，因此，愛情是一種責任。」

建立於愛情基礎上的家庭也會時常有隔閡發生。但是，

有的隔閡絕不可以經常發生，因為它會影響到夫妻感情的維繫和家庭生活的順利。家庭中的大小隔閡，或多或少、或輕或重都涉及到夫妻感情。夫妻感情在家庭中不但要經過曲折發展，而且還要克服隔閡，避免破裂的危險。夫妻之間的隔閡根源何在，夫妻的矛盾心理有何表現，怎樣克服這些隔閡，是每一個成家立業者都應特別關心的問題。

有的人在戀愛的階段以偽裝哄騙對方，一旦結婚後就面目全非，以為木已成舟，愛人到手，逃也逃不走了。但是，被騙者恍然大悟：過去那個和善、體貼、勤勞、積極向上的情人，一下子變成了一個心狠、粗魯、懶惰、消極的妻子或丈夫，因而大失所望，心中熾熱的愛，一下子被恨和惱所代替。由此可見，戀愛時如果不全面、仔細地用心觀察，不深入了解本質，不理智地分析，那將會演出愛的悲劇。

有的夫妻一起生活了幾十年，從來沒有爭執過，但這是極個別的現象。在絕大多數夫妻之間，或多或少，或大或小，總難免要產生一些隔閡。

結婚成家以後，生活的內容發生了很大的變化。此時，熱戀中卿卿我我的浪漫之情已被現實生活中的瑣事所代替，夫妻之間在性格、愛好和生活習慣等方面所存在的差異在朝夕相處的日常生活中也逐漸顯露出來。天長日久，就會發生一些隔閡和衝突。

一般來說，兩人在一起的時間越多，相互接觸的機會越多，彼此發生衝突的可能也就越大。夫妻關係是人與人之間

一種最親密的關係，它不像兄弟姐妹，更不像親戚朋友，它
具有其他關係所無可比擬的長期性和穩定性。除了少數離異
者以外，大多數夫妻都是要白頭偕老，共同生活一輩子的。
因此，在夫妻長期的共同生活中，發生一些隔閡和衝突，不
足為怪。

有的人把婚後的生活想得太美滿，似乎除了甜蜜，就是
似水的柔情，根本沒想到婚後居然還會有隔閡和衝突。所以
在發生衝突以後，便對自己的婚姻和家庭感到失望和沮喪，
其實，這種失望或沮喪的情緒大可不必，也是很不應該的。

盡量避免夫妻衝突

雖說夫妻間的隔閡與衝突是難免的，但並不是說夫妻間
衝突是可取的。每吵一次架，或多或少會使夫妻雙方的心靈
之間多一道裂痕。因此，應盡量避免夫妻間的爭吵。

首先，夫妻生氣不僅造成雙方精神上的痛苦，而且引起
家庭不和。如果在一個家庭裡，身為家庭基本成員的夫妻之
間經常發生爭吵，誰還有心思去料理家務，還談什麼增進夫
妻感情？在這樣的家庭裡，很難有什麼幸福可言。

其次，夫妻衝突還會影響自己的身體健康。有學者指
出，在一切對人不利的影響中，最能使人短命夭亡的莫過於
不好的情緒和惡劣的心境。夫妻經常爭論吵鬧，容易使內分
泌紊亂，內臟器官失調，因而引起胃痙攣、高血壓、冠狀動
脈閉塞和心臟病等。夫妻長期不和，女方還特別容易得食道

癌和乳腺癌等病症。中醫認為，百病由氣而生，因一語不當而招致不幸者，在生活中是屢見不鮮的。

再次，父母吵架對孩子也會產生不良影響。如果父母經常吵架，孩子長期陷於恐懼、憂慮之中，就會使其在精神上和心靈上受到創傷。同時，一個愛吵架的家庭往往是人們言論、譏笑的對象。在這樣的環境下，孩子會產生一種自卑感。這種畸形的心理狀態會使孩子自尊心受到損害，因而漸漸地對父親、對家庭，以及對整個社會失去信心。而且，孩子對父親吵架時用的粗俗語言和蠻橫態度，也會有意無意地進行模仿。據兒童心理學家調查，生活在這種環境下的孩子，大都性情怪僻、固執，缺乏禮貌和同情心。

最後，夫妻經常吵架嘔氣對雙方的工作、學習和事業的影響也是很大的。因為經常吵架，勢必會給雙方的精神帶來痛苦，當然不利於雙方的工作、學習和事業發展。

當夫妻發生爭吵的時候

夫妻朝夕相處，難免會產生牴觸以至發生爭吵。為了使夫妻吵架後不致造成持久的創傷和痛苦，明智的夫妻，往往採取以下的做法：

· 一方發火，另一方忍讓，待對方情緒平息後再互相交換看法，這樣做能使吵架程度大大緩和。

· 發生爭吵時，雙方盡量就事論事、適可而止，避免翻陳年老帳，或動不動就以「離婚」相威脅。

· 夫妻都盡量多想想對方的優點，尤其要想想在困難時刻的互相幫助和支持。

· 盡量避免外人介入夫妻之間的爭吵，更不會到外界尋找同情、支持和安慰。

· 不在孩子面前爭吵。避免使孩子失去安全感，進而心靈上造成創傷。雙方都不會試圖使孩子站在自己一邊，更不會拿孩子出氣。

· 因工作或其他原因引起的不快，不會回家向愛人或孩子發洩。

夫妻十戒及忠告

夫妻之間的衝突是難免的，應當盡量避免。這裡，給那些已經結婚的夫妻和那些將要結婚的男男女女們，奉上幾條忠言：

· 當一方發火時，另一方要冷靜；

· 凡事要忍讓為先；

· 若有批評、指責的話，請用溫柔的聲調說出，免得傷了和氣；

· 說話不要像吵架；

· 不要提對方過去的錯事；

· 你可以輕視其他人，但不要輕視你伴侶；

· 爭論時不要拍桌打凳、摔鍋砸碗；

· 每天起碼要與對方講一句友愛的話；

· 若做錯了事，要請求對方原諒；
· 雖然吵架兩個人都有錯，但錯誤最大的是話講得最多的人。

另外，再奉上幾條忠告：

· 因為人們的心情好壞會呈週期性的變化，所以你若見對方心情、脾氣不好時，你應了解這不過是暫時的，過後便沒事了。至於他（她）今天表現奇怪或不近情理，那是由於心情的關係。
· 請記住一條極為重要的原則，那就是切勿在心情不佳或雙方爭執不下的時候斷然做出任何決定。一氣之下所做的決定會有遺憾，家破人離的悲劇大半就是這樣造成的。聰明的夫妻會等事過境遷之後，才心平氣和地去處理。
· 夫妻雙方應當互相尊重對方的看法。在看法大致相同的情況下應當尊重，在看法不太相同，甚至不同的情況下也應當尊重，只要這些看法在不涉及原則，不違背情理的範圍之內。

夫妻感情破裂的原因

美國婚姻問題專家柏克赫博士曾對夫妻感情破裂這一問題進行了多年的深入調查研究，結果發現感情破裂大致有以下幾種原因：

- **相互間的反感**：主要由夫妻一方或者雙方脾氣不好所致。就是只顧自己，不顧別人，任性而為。不管說話也好，做事也好，只要自己喜歡，便不顧他人。稍受阻礙，便大發脾氣。

  反感的發生，有時是緣於生活習慣或健康上的原因（一個人的身體虛弱，或者有病時，性格多少會發生變化），有時是由於思想上的某種顧忌憂慮所引起的。無論是言語上的反駁，還是行動上的反感，長期下去，都會導致夫妻雙方彼此產生敵對感，這樣，感情就難以融洽了。

- **不忠實的結果**：夫妻雙方不忠實的原因有很多，比如，互相隱瞞自己的收入和開支，某一方私自與異性朋友交往過密，或者在生活上互不守諾言，彼此欺騙等等。一方不忠實，常常會引起另一方的怨恨，進而也會以不忠實的行動來進行報復，相互之間不誠實的結果就是感情破裂。夫妻之間的感情是十分微妙的，不能相愛，就會相恨。所以夫妻雙方的感情，必須建立在坦白忠實的基礎上。

- **缺乏良好的個性**：男女結婚後，就會共同生活。但在共同生活中，仍然需要保持彼此獨立的性格，這樣才能使婚後的生活豐富充實。一個人太缺乏個性，與他同處的人便會覺得單調乏味。夫妻間的情況也是這樣，一個太缺乏個性的丈夫是不會得到妻子的歡心的，因為她會覺

得丈夫像一截枯木，一池死水；同樣，一個缺乏個性的妻子，也會使丈夫覺得毫無趣味可言。

· **沒有和諧的性生活**：性生活在婚姻中是很重要的。夫妻之間感情的維繫，固然不完全靠性的結合，但假如性的結合不能得到滿足，無論如何也會影響感情的。長期在性生活方面的不滿足，是造成夫妻之間離異的一個重要原因。

· **家庭經濟處理不當**：家庭的經濟問題常常影響到夫妻之間的感情。家庭經濟，要做到量入為出，合理分配。這並非錢多錢少的問題，而是對錢使用的態度，以及如何安排經濟的問題。夫妻雙方對用錢的態度不一致，是造成相互間感情破裂的重要原因。

· **親戚問題**：所謂親戚問題，包括兩個方面，一是丈夫的親戚，一是妻子的親戚。親戚問題處理不當，不但影響家人的感情，同時還會影響夫妻之間的愛。有相當一部分夫妻之間感情破裂的原因，並不在彼此之間，而是由於處理親戚關係不當所致。

語言的溝通與交流

融洽、和睦、親膩的夫妻關係是人生幸福不可或缺的重要組成部分。而這種令人神怡的關係的構成、維持和鞏固離不開夫妻語言的藝術。但對這門藝術，有人在意過，有人則

根本不在意。而正是這些不在意的人最終堵塞了夫妻間正常的語言交流，甚至有的因此而閹割了幸福的愛情。

感情的遊戲規則是應經常保持溝通。夫妻之間的感情亦莫不如此。有些夫妻因不善溝通和交流，致使彼此感情漸疏，以至距離甚遠，甚而琵琶別抱，到婚外尋找感情的寄託 ── 很多不幸的婚姻就是這樣產生的。但夫妻之間的感情交流和溝通也要講究技巧，要知道，沒有技巧的溝通和沒溝通沒有什麼區別。

獨立與親密

女人希望彼此親近，相互支持，她們努力維護這種親密的關係。而男人在乎的多是地位和威望，他們要求獨立。這些差異常常導致男女雙方在同一事件上做出完全不同的反應。

男人以不溝通或少溝通來樹立意識，而女人則希望透過溝通建立親密關係。

喬許一位高中時的同學出差來到他居住的城市，打電話給他，喬許高興地邀請老同學週末到家中作客。晚上回家後，喬許把這件事告訴了妻子琳達。

琳達有些不快，她認為喬許邀請客人應該事先與自己商量。「你為什麼不告訴你的朋友，你得先跟妻子說一聲？」琳達忍不住問。

「我怎麼能說我必須先徵得妻子的同意！」喬許忿然答道。

在喬許看來，與妻子商量就意味著他沒有獨立行事的自由，這會讓他感到自己像個孩子，是個怕老婆的人。但琳達卻很樂意對她的朋友說：「我得先和喬許商量一下。」琳達認為，這表明她與喬許很親密，這有什麼不好呢？

提出建議與渴望理解

伊芙因乳腺瘤剛做了手術。一天，她對丈夫馬克說她很苦惱，因為手術破壞了乳房的外形。馬克對她說：「你可以做一次整形手術。」

這個建議讓伊芙十分不快，她說：「我很難過，你不願看到乳房變成這個樣子，但我不想再做任何手術了！」

馬克大惑不解，不知如何勸慰才好。他申辯說：「但我一點也沒在乎那個疤呀！」「那你為什麼還要我做整形手術？」伊芙問。「因為是你對那個疤很苦惱。」馬克回答。

男人往往把抱怨、訴苦當作挑戰的對象，他們關心的是找到解除困境的辦法。馬克認為，當他告訴伊芙可以透過手術來消除乳房上的那個疤痕時，他是在幫助妻子解脫煩惱。但是，女人常常需要的卻不是具體的辦法，而是感情上的支持和慰藉。

務實與重情

記得有這樣一部動畫片：丈夫在打開報紙時對妻子說：「在我讀報前你有什麼要說的嗎？」妻子當然沒什麼非說不可的要緊事。不過，丈夫在家埋頭看報時，妻子常常是想說點什麼的。

這片子很幽默，因為人們從中看到了自己在日常生活中的影子。當丈夫在家少言寡語時，許多妻子都感到某種情感上的被冷落；而很多丈夫又因為妻子原因不明的情緒低落而沮喪。

蕾貝卡與丈夫史都華可以說是幸福的一對。即使這樣，他們也有自己的煩惱。蕾貝卡抱怨說，當她對丈夫談論自己的思想感情時，丈夫總是一言不發地聽著，當她想聽丈夫的看法時，他就是三個字：「沒什麼」。

向親人和朋友吐露自己的心聲對蕾貝卡和許多女人來說，是生活中必不可少的內容，因為這意味著相互的關心和參與。但對於史都華和許多男人來說，談話的目的是獲取資訊，感情只能深埋自己的心底。

生活中還有這樣一類男人：他們在社交場合中很活躍，妙語連珠，海闊天空。而在家裡卻不這樣，他們的妻子則可能因為高談闊論的丈夫從來不曾如此興致勃勃地對待她們而感到自尊心受到了傷害。

命令與建議

　　戴安娜喜歡說：「我們把車停在那兒吧。」「我們午飯前先清潔環境吧。」這語氣讓她丈夫南森很是惱火。南森把戴安娜的「我們這樣吧、我們那樣吧」當成了命令。同許多男人一樣，南森討厭受制於人。但是對戴安娜來說，她並沒有指使別人，她只是提出建議。同許多女人一樣，戴安娜竭力避免正面衝突，她把要求化作建議而不是命令。

　　可是，這種委婉的方式對於有些男人所發揮的效果反而更糟。一旦他們意識到別人是在用含蓄隱蔽的方式指使他們，他們便會感到受人愚弄而惱怒。他們寧可接受直截了當的要求。

沉默非金

　　在社交藝術中，有一條經驗為：沉默是金。而在家庭內，特別是夫妻之間，如果也是「不苟言笑」，或感到「無話可說」，那你就得警惕了。兩個人的關係是不是出現了危機。

　　娶老婆，除生兒育女繁衍後代外，還有一個重要的好處，那就是半夜時分，兩個人各抱一個枕頭，說「枕邊話」。而且話題常常不受限制，身心放鬆，溫情脈脈，卻又自由自在。有些話與朋友、同事或上司進行交流，可能成為壞話、性騷擾或阿諛奉承……但夫妻間小聲密談，卻是一種享受，一種親密的溝通。

交談可以讓對方知道自己心裡在想什麼，也可以從對方的言談中，了解她的需求、渴望、甚至憂慮。用心交談，比接吻質樸、深遠，娓娓道來，有一種「同謀」的感覺，使得兩人更感性地領略到什麼叫「知心」，什麼叫「戰友」……

有一個美國人，叫麥克，他為追求一個女孩，費盡了心機。最後兩個人結婚了，但此時邁克的心中卻只有恨了，他覺得曾經的「久攻不下」，只是因為女方的故意刁難，所以便產生了一種畸形的報復心理。而他的報復方法很簡單，那就是結婚 5 年來，他堅決不與妻子說一句話。當他妻子再也無法忍受這種「令人窒息」的家庭氛圍時，她向公眾曝光了自己老公的殘酷報復行徑。在「全國人民」的聲援下，她終於和丈夫離了婚。

家庭是語言的垃圾箱，也是言語的後花園，好壞、壞話、情話、笑話，幾乎什麼都可以與另一半一起面對，這是一種信任，也是一種抒情。你可以對老公說「討厭」，但對男同事就不一定能說了；你可以叫老婆「貓兒」或「狗兒」，但對朋友這麼稱呼，不是顯得太肉麻，就是不禮貌。更重要的是，夫妻夜談，可以消除誤會。

鄰居有一對夫妻，在報紙上看到一則拍賣廣告，對其中的一幅畫都很滿意，當時，他們都決心買下來，但都沒說。拍賣當天，會場上人山人海，他們兩人分頭進入會場。在幾次舉手投標後，妻子發現有人跟她競爭，便一鼓作氣，不斷叫價，最後以超過底價 5 倍的價錢買下了這幅油畫。結果散

場時，妻子才發現，那個競爭對手竟是自己的丈夫。

不久前，日本某家人壽保險公司做了一次調查，發現日本夫婦，每天一般可交談 1 小時 50 分鐘的話，對此，他們覺得奇怪，日本夫妻每天竟有這麼長時間在交談。後來經過進一步調查時，才發現那不是「交談」，大多數情況下，是妻子在嘀咕，丈夫只是偶然點頭或是「哦」一聲而已。調查還發現，日本丈夫和太太的談話主題有三大項，就是「吃飯」、「洗澡」和「睡覺」。對此，日本有位婚姻專家指出，日本離婚人數越來越多的一個原因，就是日本夫妻之間的「交談」次數越來越少的緣故。

如此看來，夫妻間的感情接觸，其中有一條隨時隨地都可以走的途徑，這便是談心，當然，是指兩個人都談，它比做愛簡便易行，比跳舞細緻深入。

慎談「過去」

婚姻專家認為，不論男女，絕對不能坦白地說出自己婚前的性經驗，否則會成為幸福婚姻的絆腳石。

心理學博士鐘教授曾接到這樣一封信：

尊敬的鐘教授：

我是一個新婚不久的青年，妻子的不忠，使我的心靈受到了極大的傷害，心中的痛苦無法向人傾訴，故只有向你求助了。

我與她是經人介紹建立戀愛關係的。我們戀愛了 3 年，

關係一直很好，今年元旦，我們終於結婚了。

婚姻的開始，也是我痛苦的開始。結婚前幾天，她告訴我一個可怕的事實：她與另一個男人發生過性關係，他們暗地裡相愛了 4 年，還曾經做過人工流產。那個人是位已婚的中年男子，3 年前因為她的緣故而離了婚，現今身邊有一個 10 多歲的小孩。他們不能結合的原因主要在於她父親的竭力反對。

我真想不到自己癡心愛戀的人竟然欺騙我達 3 年之久，奇怪的是我卻不恨她，而且還是那樣地愛她，經過激烈的思想鬥爭後，我決定原諒她的過去，只要她不再與那個人來往，不再欺騙我就行了。

我雖然仍愛著她，但心中總不是滋味。當我們擁抱、接吻、撫摸、同房時，我似乎也看到那個人與我一樣地擁抱著她，這使我們的夫妻生活越來越彆扭。

鍾教授，我該怎麼去對待她的過去？

一位痛苦的丈夫

這裡，我們暫且把這位丈夫的痛苦放在一邊，就他的妻子和那些像他妻子一樣在婚前有過性經歷或性不幸史的人，該不該主動地向她的丈夫坦誠過去的一切，做一番討論。

本來，坦誠無欺，是中華民族的傳統美德，也是人類和諧相處、溝通交融的必要因素之一。坦誠，讓人看到了無欺無詐的內心深處。但世上任何事物都有其普遍性和特殊性。

愛情是自私的，性愛更是自私的，被視為愛情貞潔的象徵。把婚前的性行為向配偶的坦誠傾訴，不但無助於夫妻二人的交融和諧，反而為本來春風得意的婚姻蒙上了一層極不愉快的陰影，甚至因此出現婚姻裂痕而最終走向崩潰。原來善良的動機，卻導致了意外的惡果。

對此，專家認為，最好不要向對方坦白自己婚前的性經驗。尤其是男人，他們對女人的性關係史是非常敏感的，他們可以原諒自己過去的荒唐，但卻無法容忍妻子過去的錯誤。不知道就等於沒有，可以相安無事；知道了，心中便結成了一個疙瘩，酸楚的，不碰它也是痛苦。因此，像這種既傷害別人，又傷害自己，更破壞婚姻的坦誠，還是避免說破為妙。因為笨拙的坦率比理智的沉默更容易惹是生非。

有過婚前性行為的男女，也許會擔心，如果讓配偶一旦了解到真相，不就是在「不貞」的罪名上又多加了一個「欺騙」的罪名了嗎？假若事情真的無可避免地「暴露」了，那麼當事者只能以理智的頭腦誠實地面對了。這時，首先應該坦白地向對方說明事實的真相和長期隱瞞的善良動機，求得她（他）的諒解，並以婚後的真心實意的生活來說明自己與過去已經完全絕緣，並可歷數現在的種種好處來博得配偶的信賴。若配偶是深明大義的真正「愛人」，他（她）定會諒解你的過去，而且夫妻感情也許還會因這小小的「磨難」而更加堅實穩固。假若配偶不能原諒自己，要與自己離婚，你可隨他（她）自便，而決無必要自罪自責，甚至輕生。因為

不肯原諒你的過去的伴侶，也不是真愛你的人，大可不必留戀。

　　現在，我們回過頭來說開頭寫信的那位痛苦的丈夫。他的妻子既然坦誠相告，他又愛他的妻子，那麼原諒她的過去，著眼她現在的做法是相當正確的，但痛苦絕不會隨著原諒而徹底解除，只能隨著時間和真摯的感情而逐漸淡漠消失。尤其重要的是，身為原諒者應真心實意地徹底原諒，而不能耿耿於懷，一遇不順心之事，便舊事重提，重揭傷疤，這不但是不近人情的，而且是非常殘忍的，只能使將來的婚姻在跌跌撞撞中度過。

　　事實上，「人非聖賢，孰能無過」。人生就是一段坎坷不平的旅程，遇到挫折是非常自然之事。重要的是，「往者已矣，來者可追」，把握現在和將來，寬容過去，才是愛情的最高境界，才能使婚姻的蓓蕾綻放出美麗的花朵。

第七章　睿智忠告助你成功

在這個世界上，獲得成功的人會站起來尋找
自己所希望的環境；如果找不到，就把它創
造出來。

——洛克斐勒

接受別人的忠告，可避免重蹈覆轍；接受新知，可使自己的生活多彩而充滿喜悅；接受不同的聲音，可使思想延伸而美麗。

接受是一種健康的生活態度，如果接受了正確有益的忠告，不但可以增加你的個人力量，而且可以幫你樹立正確的人生觀，使你具有前進的希望和動力。

洛克斐勒以白手起家，直至獲得巨大的成功，累積了巨額財富，這其中他曾摔倒過無數次，但每一次摔倒之後，他都能勇敢地站起來，心無旁鶩，繼續前進，因為他始終相信：如果沒有你能倒下的地方，你就能永遠站立。

本章是洛克斐勒對子女及所有年輕人的真性真情的流露，其內容十分廣泛而豐富，但更多的是為我們提供有用的想法而不是空洞的誓言。

如何選擇職業

千萬不要選錯職業，尤其是對於一個事業剛起步的年輕人來講，這一點顯得尤為重要。如果一個年輕人要想使自己的理想變成現實，要想使自己的計畫更有成功的保障，那選擇一個與自己興趣相投的職業，是極其重要的一環。

有個做父親的人，他這樣想：「我有 5 個兒子。我要讓比爾成為一個醫生，讓傑克成為一個律師，讓約翰成為一個農場主人，讓詹姆斯成為一個教授。還剩下卡里，我該讓卡里

做些什麼呢？」於是，這位父親為了這件事情，專門進城考察一趟。他在城裡轉了一圈，又匆匆忙忙地趕回家，急切地對卡里說：「卡里，我覺得製造手錶是一件技術精巧的工藝，我想讓你成為一個技術高超的手錶技師。」

看完這個故事你也許想笑，這個父親只想著自己的安排，卻從來沒有考慮孩子們自己的愛好和興趣。只要我們細細地觀察，在現實中，這樣的父親在我們的周圍其實有很多。

你不用有任何的懷疑，我們大家都因為一個睿智的理由而生。我們每個人的大腦，都像每個人的外貌一樣，各具特點。有一些人，他們天生就是技術工人，而有些人天生就對技術工作反感，或許他們更適合做律師或醫務工作。

如果把 12 個 10 歲左右的孩子放在一起，透過一段時間的觀察和實驗，你很快就會發現，他們中的 2、3 個小孩，能使用很複雜的機械工具製造出很精巧的玩具。的確，他們或許明天就是一個優秀的機械技工。而另一些小孩卻不一樣，這些小孩，他們對機械技術沒有絲毫興趣，甚至是討厭。在他們的內心中，根本就不會去自動地把一個鐵片做成一個果汁瓶的塞子，也不會做精美的鋼筆，更弄不清楚蒸汽機、發電機的工作原理。如果你非要讓一個這樣的孩子去學習機械技術，那他在 10 年後，或許他只能夠學會拆卸手錶。而且，在他們的一生中，肯定會生活得非常艱苦和鬱悶，毫無樂趣可言。他或許一直都在想辦法換工作，避免花一生的時間去從事一個他們不感興趣的工作。

在快樂中發展自己

首先，我認為，年輕人總是很容易陷入娛樂中的陷阱。

一般的年輕人在選擇娛樂方式的時候，往往不太重視娛樂方式在滿足自己愛好的同時，是否會對自己的身心健康造成損害。所以，他們總是對娛樂的方式不太關注。有些更為極端的現象是，很多年輕人不懂得節制自己，甚至在錯誤的方向上越走越遠，而自己卻沒有發現。

以喝酒為例，適量的喝酒，能使人有一種興奮的感受，尤其是當你和知心朋友圍坐在一起開懷對飲的時候，那種感覺簡直是妙不可言。但是，如果你飲酒過量，甚至到了酗酒的程度，那將會對自己的身體產生非常不好的後果。另外，賭博在一般人的眼中，只要他們不是在運氣糟糕透頂，以致在短時間內連連輸錢，導致自己負債累累的話，他們還是認為賭博是一項很有趣的遊戲活動，所以大家都樂於參與。

上面所列舉的兩個例子，都是一些很無聊的娛樂方式。但這些很無聊的方式，牢牢地吸引了很多的年輕人。這些年輕人，在進行這一類娛樂遊戲的時候，很少去想它們的實際意義和價值。他們只要看見別人在玩，就喜歡湊熱鬧，也跟了進去，結果使自己身心俱疲。

年輕人喜歡玩樂是可以理解的。因為在人的一生當中，鮮花爛漫的時期也正是享受娛樂的好時候。但是娛樂應有節制，不能迷戀，否則不但會使自己青春的寶貴時光白白地浪

費，還會使自己的身體變得衰弱。

其次，年輕人要有很明確的娛樂目的。

在這一點上，我不想講太多的大道理。但是，我自己以前的親身經歷，還是可以讓讀者作參考，希望能對年輕人有很大的幫助。

在我年輕的時候，我也特別喜歡玩樂。而且，往往在不管自己是否有興趣的情況下，只要有朋友來找我，我就來者不拒，跟著就去了。你很難想像，當時的我有多麼的笨。其實，我本來不喜歡喝酒，但是在接受朋友的宴請之後，我也就跟著喝。喝酒後，感到很難受，嘔吐、頭暈、渾身不舒服，接連睡了兩天。在這次丟人的事情後，再有朋友來請我去喝酒，我就毫不客氣地回絕了。關於賭博，我也有同樣的經歷。那時候的我根本就不缺錢。所以，去賭博也不是為了錢。我當時荒唐地認為，賭博，是一個紳士應該具備的條件。於是，我開始和朋友們出入賭博的場所。雖然我內心並不喜歡賭博，但是在我人生最重要的 30 年中，我幾乎就沒有離開過牌桌。這樣白白地浪費了我大量的精力，現在想起來，真是後悔。

另外，還有一件事情，也是值得借鑑的。在那個年齡，當我偶爾看到一位讓我崇拜的人的時候，我就會在我不了解他的情況下，去模仿和學習他的一舉一動。現在想起這種事情來，真是覺得無聊和愚昧。幸虧這種不良習慣沒有延續下來。

現在，我希望當你們了解了我這些過去的經歷後，不要再去重試一次，那是沒有什麼意義的。

現在回憶我年輕的時候，我覺得當時的我，就好像受到了某種流行病的侵襲，而沒有抗拒的能力，同時，我也為此付出了慘重的代價。那些漫無目的的娛樂，使我本來真正的快樂失去了，使我的金錢和財富不斷減少，使我的身體健康受到損害。

第三，要區分清楚什麼是真正快樂的事情，什麼是看起來快樂的事情。

如果我現在的年齡和你們一般大，雖然過去也曾經有過錯誤的經歷和經驗，但是我現在都已經改過來了，而我又會做些什麼呢？

這時，那些僅僅是表面看起來快樂的事情，我絕對不會去做。我所要做的事情，是能夠真正給我們帶來快樂的事情，其中包括和朋友一起吃飯、適量的喝酒，但是我一定會堅決控制自己，以免太過分。

20 歲左右的年輕人，還沒有必要為了某種個人的目的，而特別引起別人的注意。別人的看法和意見，那是別人的事情，你只要自己喜歡，就去行動，而沒有必要在乎別人。但是，對於自己的身體健康，一定要特別注意。一個人，如果對自己的身體健康都不重視，很難讓人相信他在別的事情上面會有大的作為。當然，偶爾打打紙牌也無妨，但是千萬不要勉強自己。同時，一定不要因為錢，而去做這樣的事情。

要知道，打牌的目的應該僅僅是為了使人感到快樂，如果你透過這種活動，能夠結交各種朋友，並且使大家都感到快樂，那才是一件有意義的事情；此外，順應各種環境，也是一件很重要的事情，只是千萬不要因為金錢而影響到自己的生活，更不能因為賭博而花光自己的生活費。

此外，年輕人最好能拿出一點時間來，閱讀各種書籍，或者和那些有修養的人聊天，盡量結交一些優秀的朋友。在社交界，無論男女，一般都交往頻繁。雖然大家有時候談話顯得沒有什麼真實的內容，但是只要大家真誠相待，坐在一起，就會感到真實，就會感到快樂。這些，都是一個人，尤其是年輕人應該去學習的待人處世的態度。

如果我的人生可以重來一次，並且是從年輕的時候開始，我一定會按照我的這個計畫去行動。因為只有在這樣健康、積極的方式中，我們才能真正感到快樂。懂得什麼才是真正快樂的人，就不會到那些不健康的場所，不會陷入到那些一味追求吃喝嫖賭的低級趣味的場所中，而會去尋求自己真正的快樂和享受。

每一個人都帶著一份禮物

關於人際關係，我現在要傳授利用它的兩個祕訣。我們所處的這個社會，人際關係是非常重要的。你生活中遇到的每一個人都帶著一份禮物。在那份禮物裡，藏著一個精靈，

會讓你的一個願望成真。但要引精靈出來，你必須用自己的精靈去召喚。如果你能夠慎重地建立自己的人際關係平臺，並且努力地加以維護的話，你成功的日子就不遠了。

關於人際關係，我認為可以分為兩種：

首先，是人與人之間的對等關係。這是內涵、力量都完全相同的、建立在彼此之間的互惠關係，是一種可以自由交流、交換的資訊。如果相互之間的能力不能獲得認同，或者是不能確認對方會為自己竭盡全力的話，這種關係就很難建立起來。這種關係之間，最基本的條件就是要在相互之間建立起信任和尊敬。

雖然在彼此之間，也會有相互衝突的情形，但是絕對不能因此而破壞彼此之間的關係。即使有些時候相互之間的利益真的產生衝突，也應該相互退讓。

第二種人際關係是一種不對等的關係。這種關係中，有一方是有地位、有財產、有能力的人。這種關係中，付出和照顧是單方的，並且各種恩惠是在暗中進行的，是巧妙地掩飾在其他的行動中進行的。受到照顧和恩惠的人，通常會努力去搏取對方的高興和歡心，去做對方所喜歡的事情，說對方喜歡聽的話，同時在內心中一直忍受著對方的優越感。給予恩惠的一方，一般可以操縱著受惠的一方。受予方如果能用一種很高明的方法表示感激的話，一定能從中獲得更多的好處。

在跌倒的地方撿起一塊石頭

在現實中，有很多的年輕人，由於遭受到一些打擊或失敗，就對自己的未來感到悲觀、失望，對自己理想的事業感到心灰意冷，膽怯地敗下陣來。他們說，命運是殘酷的，他們沒有足夠的能力去挑戰和面對，他們變得越來越膽小，最後只能遺憾終身。其實，重要的不是我們在現實中所面對的那些突發事件，而是我們在面對那些突發事件的時候，所釋放出來的勇氣和能力。我們絕不能向失敗低頭，我們要鑄造一個輝煌的、有意義的、有價值的人生。當我們面對各種困難和打擊的時候，我們要迎難而上，戰勝它們，我們要拒絕失敗，我們要在自己的人生路上留下很多光彩的記號，而不是向它們認輸，向它們低頭，使自己的人生黯然失色。當然，如果你想向失敗低頭，放棄努力拼搏的話，也是一件很容易的事情，在現實中，這樣的人並不少。但是，我想這樣的人生道路，恐怕應該不是大部分年輕人想走的吧。一個堅強的人，當他在一個地方遇到失敗的時候，他就會去打開另外一扇門。一次又一次地繼續，一次又一次地努力，直到成功為止。

雖然，我們沒有辦法使自己成為上帝，但是我們真的不能做到的事情，大概也就只有這個了。只要你對自己抱著必勝的信念，抱著不屈不撓的意志，我相信，其他所有的願望都是可以實現的。你可以反覆地對自己說：「我一定能成功，

我一定會勝利，我是一個生活的強者。」這樣在不知不覺中，你的心就會自動自發地指向下一個目標，並為它付出努力，因為這個時候的你，心思基本上已經放在了對自己未來的設計和努力上了。

此外，你應該多去接觸一些已經獲得一定成功的人，學習他們的經驗。你要看看，他們是如何在經歷各種困難和打擊以後，獲得最終的成功的。我相信，當你和他們交談的時候，一定會聽到這樣幾個詞語：忍耐、接受挑戰、勇氣和毅力。因為這些條件和素養，是每一個人通往成功路上所必備的。現在，也許你沒能進入你所嚮往的名牌大學，但是說不定還存在另外一種可能，那就是你從此走上了一條更為適合你走的路，有可能在這條路上，你能取得更大的成功，獲得更大的輝煌。這樣的結果，也許是你以前所沒有想到的。是的，或許就是因為這條彎路，使你改變了原定的一切。這一點，對你以後所有的挫折和打擊都是適用的。只要你把失敗的意識，從自己的心裡驅趕出去，今後你的人生路就會有一片不一樣的風景。

在人生路上，雖然沒有什麼很明顯的路標，但是完全可以在所跌倒的地方撿起一塊墊腳的石頭或開路的枯枝，努力地尋找到下一個出口，下一個希望，下一個目標。

行走社會的技巧

在社會上行走，多多少少還是需要很多戰略性的技巧的，就像一些無所謂對錯的生活哲學。如果你能盡快了解和實踐這些理念，就一定會掌握很多人的心，早日出人頭地。但是，大部分的年輕人，對這樣的事情，一般都顯得厭煩和無奈。我現在要告訴你的是，多學一點，永遠都不會有錯！

生活理念的根本是不管如何都不要隨便將你的感情流露出來，不要讓別人很容易就能夠從你的語言、動作、表情上感覺到你的心正在發生動搖。如果你的所有心思，被別人一眼就看出來，那你就只能成為那些善於玩弄心計者的工具了。並且，這並不僅僅限於工作上，在生活中也是同樣的道理。

當你聽到令你感到厭煩的話語的時候，往往會不由自主地流露出憤怒的表情；或者是聽到很容易讓人高興的話的時候，就喜上眉梢等等，這樣都是很容易被人所利用的。

為此，我有幾點忠告：

其一，不要總是以自己的性格為支撐點，而千方百計地去尋找各種藉口。

你也許會這樣認為，冷靜與否和一個人的性格有很深刻的關聯，而不是憑意志的力量就可以隨便辦到的。的確，冷靜是會受到個人性格的影響。但是，我們也不能不分青紅皂白，把所有的原因都歸結到性格上面。

　　我想，如果你是真正付出努力的話，就肯定會有其他可以改進的地方，只是一般的人總是會首先考慮到性格方面，而不是去尋求解決問題的方法。我想，如果你努力的話，這種情況就會有所改變，並會取得相反的結果，形成一種以理性來抑制自己性格的良好習慣。

　　如果一個人的感情突然爆發，到了無法控制的地步。這時候，為了使自己的感情冷靜下來，最好的方法就是強行關閉自己的嘴巴，控制自己臉上的表情，使自己保持鎮靜。如果你能在平常的生活中做到這一點，久而久之，你就會形成這種良好的習慣。

　　其二，如果你的心思被別人看出，就好像你手中的牌被別人看見了一樣。

　　當你和別人交涉的時候，如果對方是一個血氣方剛、脾氣暴躁的人，往往很難獲得好的結果。因為對方的這種脾氣，即使是一點小小的事情，也很容易使他變得心煩意亂。於是便出現了非正常的一幕，本來不該說的話，他講出了口，不該做的事情，他做了出來。喜怒哀樂的事情，都表現在他的臉上。對於這種人，最好能仔細地觀察他們表情的變化，用策略和心計掏出他們內心的祕密，真實地掌握他們的意圖。在商場上，是否能夠真實地了解對方的意圖，是你能否取得成功的關鍵。

　　不能很好地控制自己的感情的人，是很容易受別人控制的。即使對方的方法並不是很高明，也會產生這種結果。當

對方是一個善於心計的人，那你獲勝的希望就更加渺茫了。

在工作中，如果不注意在某種程度上隱藏自己的感情，就無法保持自己的祕密。如果不能保持住自己的祕密，你的工作就不能順利地開展。就像貴重的金屬混入合金之後，鑄造出的硬幣，是同樣的道理。雖然在其中加入少量的合金是必要的，但是如果過量的話，硬幣就喪失了一般流通貨物的價值。同時，鑄造硬幣的人的聲譽也會一落千丈。

不管你心中有什麼樣的感情波瀾，都不要隨便表現在臉上、或者是言詞上，要將自己的感情盡量隱蔽起來。這樣做，確實有一定的難度，但也不是完全不可能的事情。有理性的人，是不會輕易向困難的事情挑戰的。但是，如果是有追求價值的事情，即便是有再大的困難，要花去數倍的努力，還是有必要去做。

莫做「含沙射影」的殺手

一個總是鑽牛角尖的人是很悲哀的。

在社會上，的確有一些一無是處的人。當然，我不是要你不尊重這些人的人格。但是，如果你良莠不分，好壞不辨，那就會從另外一方面暴露你個人的缺點，說明你的知識修養不是很高，所以，即便是對那些一無是處的人，你也沒有必要對他們表示出輕視和看不起。也就是說，你可以在自己的心裡檢討這些人的行為和思想，但表面上沒有必要讓別

人知道。你這樣做，並不是表示你對他們膽怯，而是對他們人格的一種尊重，同時也是你自己修養和素養的一種展現。另外，從世俗的觀點看，說不定某一天，你也會需要這些人的幫助。如果你以前在語言或行動上對他們有什麼不尊重，即使你是一個非常有修養、寬宏大量的人，他們也絕對不會對你提供任何的幫助。

在這個社會中，做任何事情，都要有自己的原則。比如你不小心做錯了事，爸爸會原諒你。但是，如果你故意侮辱別人，這就是一件絕對不允許的事情。因為每一個人都有自尊心，所以，如果你曾經侮辱過一個人，不管經過了多長的時間，這個人都會牢牢地記在心裡。

有時候，我們總想盡量掩飾自己以前所犯的錯誤，或者是隱藏自己的一些缺點和弱點，但是如果你的朋友總是毫無顧忌地在大眾面前，將其和盤托出，這對你來說，無疑是一個巨大的打擊，是一件非常難以容忍的事情。雖然我們大家都知道，在我們的身後，肯定會有很多人講我們的壞話和不足，我們也會對此感到不高興。但是只要這種事情沒有放到桌面上，我們還是可以忍受的。但是如果有人當面毫無顧忌地喝斥我們，即使是我們最親密的親朋好友，我們也很難在內心中接受，並且一定會當面反擊他的過失。不管你說別人，還是別人這樣說你，這種事情的發生，對於被說者都是一種莫大的傷害。

不管是什麼人，只要受到了侮辱，一般都會感到非常憤

怒，甚至會想報復對方。所以，除非你真的想一輩子和對方為敵，否則就要盡量避免類似事情的發生。哪怕對方的行為真的是令你忍無可忍，你也不要輕而易舉地暴露出輕視的態度。

但是實際上，我們周圍的很多年輕人，他們往往為了表現自己的優越感，或只是為了討好某一個人，總是樂此不疲地模仿或者誇大別人的缺點或短處，以換取別人對自己的誇獎和稱讚。對於這種行為，我們要堅決杜絕，不管是誰，都不應該這樣去做。沒錯，在你這樣做的時候，的確能夠獲得別人的歡笑和掌聲，可是這個時候，在你的一生中，就多了一個潛在的「敵人」。不僅這樣，現場的你的朋友當時可能會覺得好笑，但是當他們笑過後，就會明白過來，其實沒有什麼可笑的，倒是你那種喜歡恥笑別人的不良習慣留在了他們心中。因此，在你做這些沒有價值的事情的時候，應該明白，你將要為自己付出沉重的代價。

一個人格高尚、心地善良的人，是永遠也不會刻意地去暴露和張揚別人的缺點和短處的，更不會在公眾場合模仿和恥笑他人的短處。

如果你認為自己是一個聰明的人，你就應該採取一切辦法，避免傷害別人，並盡量使別人感到快樂。

附錄　洛克斐勒小傳

洛克斐勒的一生，是傳奇的一生。在他的一生之中，有人對他恨之入骨，咒其為「吸血鬼」；也有人對他褒贊有加，尊稱他為「慷慨的慈善家」。他到底是一個怎樣的人，讓我們沿著他人生的足跡，做一個理智的思考。

自古英雄出少年

　　1839 年 7 月 8 日夜裡，約翰‧戴維森‧洛克斐勒出生於美國的裡奇福德鎮。他的童年過得很困窘。「成天穿著破爛的衣衫，一副又髒又餓的樣子」 —— 這是他家鄰居給他的評價。因為家境貧寒，父親總是離家外出，祖父和叔叔酗酒成性，唯一能給他保護的，就是他健壯、堅忍的母親。

　　洛克斐勒家裡也有田地，但父親對安分地做個農民絲毫不感興趣，將土地交給佃農，自己則跑到外地去經商或是四處遊蕩。而且他一出去，常常要好幾個月才能回來一趟。不過，儘管他常常外出闖蕩，可是並沒有能讓留在家裡的妻兒過著好日子。

　　洛克斐勒的母親出生於蘇格蘭一個富農家庭，她雖然受教育程度不高，但十分開明，見多識廣。她勤勞、樸實、節儉，是一個虔誠的基督徒，對孩子的管教非常嚴格。

　　在洛克斐勒 3 歲那年，他們全家搬離了裡奇福德鎮，來到了莫拉維亞城裡。從窮鄉僻壤到熙熙攘攘的鬧市，洛克斐勒並不知道這意味著什麼。這裡有旅店、百貨店、紗廠、教堂。這是一個乾淨、寧靜，同時又初具規模的城市。這次搬家對洛克斐勒的成長無疑是有好處的，城市蓬勃發展的商業活動，使他從小在耳濡目染中懂得了金錢的遊戲。

　　1740 年代的美國，正值各種經濟活動極為活躍的時期，全世界的淘金者懷揣夢想，從世界各地趕往這裡。銀行如雨

後春筍地開遍了美國各地，運河裡每天各式各樣的船隻穿梭往來，鐵路和電報以前所未有的速度發展，很快將全國連接起來，成為一個大市場。

處於時代洪流中的洛克斐勒也不可避免地受到了影響。那時的洛克斐勒，已經成了一個非常完美的經紀人。當他還是一個小孩子時，就曾經到商店裡，按磅買來糖果，然後將其分成幾小份，再轉手賣給兄弟姐妹，從中賺取蠅頭小利。在母親的鼓勵下，他在 7 歲時，將自己賺來的錢存在壁爐架上的一個藍色的瓷碗裡。

洛克斐勒 7 歲時，做了一樁漂亮的生意。他尾隨一隻野火雞，等牠搖搖擺擺地走開後，便從雞窩裡偷走了小火雞，但是他並沒有賣掉小火雞，而是費心餵養牠們。到了第二年，他的雞群擴大。後來，他陸續賣出長大的火雞，賺了一筆對於小孩來說非常可觀的財富。

由於出生與成長在一個比較特殊的家庭環境，洛克斐勒似乎沒有同齡小孩那種單純的歡樂與活潑。他常常看起來有些心不在焉地在鄉間小路上散步，似乎在思考著什麼深奧的難題。儘管所有的人都認為他是一個聰明的孩子，但他在學校的表現並不出類拔萃。因為他的表現欲不強，也因為他有著與他的年齡不相稱的主見，所以他對別人的讚揚並不在意，而是按照自己的意願來行事。

洛克斐勒有一種超越其年齡的成熟，他有大多數兒童所不具備的認真態度。即使是在遊戲時，他也極為認真。與別

人玩跳棋或象棋時，他會長時間地思考下一步棋，推算對手可能應對的招數，並為自己思考對策。

洛克斐勒謹慎的遊戲方式當然會引起小朋友的不滿，因為在小朋友們看來，不就是玩玩嘛，又不是國際比賽，需要那樣認真嗎？

不過，洛克斐勒可不是一個「隨便」的孩子。他會對他的對手說：「我想好了自然會走，你不會以為我下棋是為了輸給你吧？」

聰明的洛克斐勒為了能保證自己在比賽中取勝，總是在遊戲中充當那個制定規則的人。不過，因為他十分遵循遊戲規則，所以其他小朋友還是很願意與他玩。

因為受到母親的影響，洛克斐勒從小就對宗教感興趣，他對教堂有一種天然的親切感，這種感情絕不是出於什麼責任和義務，而是一種來自靈魂深處的需求。

在許多人看來，宗教思想與經商理念存在著很大的牴觸，可是在洛克斐勒家族裡卻不是這樣。就連他那為賺錢而坑蒙拐騙的父親，也能背誦許多讚美詩，而且也常常鼓勵孩子們上教堂。有一次，他答應洛克斐勒，只要他能夠從頭到尾背會《聖經》，就給他 5 美元的獎勵。這使得年幼的洛克斐勒早早地在心中將上帝和金錢關聯在一起了。

由於父親長年外出，身為家裡的長子，洛克斐勒受到了母親的特別的信任。對於這個過早地了解世事的孩子，母親從他身上發現了別人尚未發現的特質。正是由於母親的這種

信任，使得洛克斐勒主動地擔任一個成年男人的角色，成了家裡不可或缺的人物。母親遇事總會與他商量，這讓他感受到自己的分量，並為此感到得意。

他經常像父親那樣，對弟弟妹妹發號施令，要求他們聽從他的指揮。他的這種自信，成為其日後成功的保證，而且也養成了他終身難以改變的習慣，總是不自覺地把自己視作一個救星，專門處理那些別人對付不了的難題。

母親雖然非常信任洛克斐勒，但絕不縱容他；相反，對他的要求是極為嚴格的。一年冬天，洛克斐勒帶著弟弟到附近的一條河裡滑冰。這是被母親明令禁止的危險行為，因為冰面並不堅固，很有可能會掉進河裡。兄弟倆正在河面上滑行，突然聽到呼救聲，原來是有一個正在滑冰的小孩子掉進水裡。洛克斐勒和弟弟找了一根木棒，遞給了那個渾身發抖的小傢伙，將他拉了上來。兄弟倆聰明的救人行動，雖然得到了母親的表揚，但還是不足以讓他們逃脫懲罰，而且身為老大的洛克斐勒，更要負主要責任，於是他狠狠地挨了母親一頓飽揍。

由於父親不安分的個性，同時也受到大時代的影響，洛克斐勒一家似乎沒有過著幾年安定的生活。他們總是懷揣夢想，從一個地方搬到另一個地方，以尋找他們理想中的生活。這樣不斷尋夢的結果，大多數是以失敗告終，但它讓年少的洛克斐勒增長了見識，早早地領略到了生活的真面目。

他們在莫拉維亞沒有住多久，便搬到了奧韋戈。這裡比

他們原先居住的地方更像大城市，有威嚴的法院，藏書頗豐的圖書館、學校及其他一些文化設施，整潔漂亮的住宅區，而且城中也的確居住著一些來自世界各地的藝術家。

這時，母親對長子的依賴更是有增無減，她竭力想在洛克斐勒的身上培養出丈夫所不具有的一切優點。而父親常常離家外出，又使得洛克斐勒的個性得以自由發揮。他小小年紀，已經將分擔家裡的事務看成是自己的責任，而且毫無怨言。

他在課餘砍柴、擠牛奶、打水、整理菜園、採購，母親出門時，還要負責照顧弟弟妹妹。在晚年，洛克斐勒回憶起自己的這段生活時，他說：「我在 10 歲或 11 歲時，就學會了盡我所能地多做事。」

身為家裡的男子漢，他還擔當著另一個角色，那就是掌管家裡的開銷。他盡職盡責，精打細算，將家裡的收支安排得井井有條，顯示了一般孩子所不具備的才能與天賦。

有時，他會受僱去為當地的一個農夫做事，每天的工錢不足 0.5 美元。他從不揮霍任何金錢，而且也不放過任何可以賺錢的機會。漸漸地，他竟然小有積蓄。後來，他將平時累積的錢以七分利息借給別人，淨賺了 3.5 美元。他曾對自己的朋友透露：他將來要賺 10 萬美元。

洛克斐勒的弟弟威廉個性單純溫和，除了玩耍，似乎沒有特別的愛好。比起洛克斐勒，人們更喜歡威廉，因為他更像個孩子。而洛克斐勒則不是如此，他早慧的性格使他失去

了孩子般的天真，變得非常精明。他長於分析，面對工作時，總是思索著怎樣做最省事。也許是洛克斐勒表現出的少年老成，人們對他有幾分敬畏。

1852 年 8 月，開明的母親將洛克斐勒兄弟倆送進了歐威爾中學。他們就讀的是紐約州最好的中學，這在當地是很不容易的。由於家境窘迫，一個鄰居主動出錢為他們買了書本。在那裡，洛克斐勒學會了寫文章及演說。

這所學校的學生大多是鎮上那些家境富裕的孩子，而且學費昂貴。身處在這群與自己的家境相差很多的同伴中間，洛克斐勒心裡非常坦然，沒有感到任何拘束。有一次，學校請一位攝影師去拍攝老師上課的鏡頭，由於洛克斐勒和威廉衣衫襤褸，就沒有將他們拍進去。這件事如果換了別的孩子，可能會感到自尊心受到極大傷害，不過洛克斐勒並不以為然，而且一直珍藏著這張照片。雖然出身低微，但洛克斐勒卻從不抱怨自己的家庭環境，也從不對別人的輕視耿耿於懷，他的眼光與精力專注的是學習，懶得去計較那些細微末節的東西。洛克斐勒學習很用功，因為他把自己的學業純粹看作是功利性的。「我很安穩也很認真，」他說，「為承擔生活的責任而作準備。」

就像所有窮人家的孩子一樣，洛克斐勒兄弟倆的學業並沒有維持多久。1853 年年初，他們全家隨著不安分的父親再一次搬遷。這次是搬到一個叫斯特朗斯維爾的草原小鎮，離克里夫蘭只有十英里。他們的學習也因此中斷了。好在父親

也重視兒子們的學習，在當年秋天送洛克斐勒與弟弟去讀鎮上的高中。由於家總是搬來搬去，洛克斐勒在克里夫蘭的幾所學校裡都受到了降級的待遇，他只能上初中。

　　第二年，15 歲的洛克斐勒終於進入了高中。該校因奉行自由化進步教育的理論而享有盛名。由於學校十分重視作文，洛克斐勒必須就 4 個題目交出論文才能升級，這 4 個題目是：《教育》、《自由》、《聖派翠克的品格》和《回憶往事》。

　　洛克斐勒的論文語言條理清晰、表達準確。他還是一個超群的辯論家，儘管他平時寡言少語，但在闡述自己的觀點時卻頭頭是道。他演講的第一句話總是「本人既榮幸又遺憾」，這句開場白逗得同學直樂，便給他起了個綽號叫「既榮幸又遺憾先生」。洛克斐勒對同學的嘲笑從不放在心上，他仍然我行我素。

　　洛克斐勒小時候的嚴肅模樣令許多大人們喜愛，卻也使一些人感到不安，因為他們發現他身上有一些怪誕不經的地方。有位高中老師帶著明顯的厭惡感把他說成是「最冷酷、最不露聲色、最老謀深算的傢伙。」即使他還是個 15、6 歲的孩子，洛克斐勒就要求別人像對待成年人那樣對待他。

　　自古英雄多磨難，從來紈絝少偉男。洛克斐勒的童年與少年生活，給予他的磨難與考驗，為他日後顯赫發達埋下了伏筆。

寶劍鋒自磨礪出

　　1855 年夏天，16 歲的洛克斐勒輟學了，輟學的原因不
是經濟問題。事實上，那時候他們一家的經濟狀況已經有
所好轉。洛克斐勒只是禁不住學校圍牆外的誘惑才決定輟學
的。他希望結束學業，早日走向社會，施展自己的才熊。

　　那一年，16 歲的洛克斐勒在酷熱難當的克里夫蘭開始演
出一場富有傳奇色彩的求職經歷。儘管他是個農村孩子，但
他家並不是傳統的農民，所以對他來說，擺脫以往的小鎮和
農村的生活方式，進入新的市場經濟並非難事。他生來仰慕
大型企業，知道自己要找什麼樣的地方。「我去了鐵路公司、
銀行和批發公司，」他後來說，「小企業我一家都沒去，我不
想知道小企業是什麼樣子的，我只挑大型的。」

　　他去求職的公司大多設在一個名叫弗萊茲的繁華區域
裡。凱霍加河蜿蜒地穿過這一帶然後注入伊利湖，河兩岸布
滿了機器轟鳴的鋸木廠、鑄造廠、倉庫和碼頭，湖邊則停靠
著星羅棋布的明輪汽船和雙桅帆船。洛克斐勒的求職方式帶
有一種初生之犢式的狂妄。每到一處，他總是先提出要見級
別最高的人 —— 但這些人往往不在 —— 然後直截了當地對
一個助手說：「我懂會計，我要找個工作做。」

　　他不顧一再被人拒之門外，不停地找下去。每天一大
早就離開住處，身穿黑色衣褲、高高的硬領和黑領帶，開始
新一輪的預約面試。這場不屈不撓的跋涉日復一日地進行

著—— 每星期 6 天，一連堅持了 6 個星期—— 總算在一個下午有了結果，洛克斐勒被 Hewitt & Tuttle 錄取為簿記員。

公司當時太需要人了，老闆竟然連薪水都沒有提，就叫洛克斐勒立即上班。不過，在當時，許多新職員在實習期間是沒有薪水的，對此，洛克斐勒也不敢有過高的奢望，能得到這份工作，他已經心滿意足。直到三個月後，他才領到補發的薪水。

從此，洛克斐勒有一個與眾不同的節日，那就是 9 月 26 日，他把這天當成了自己的「就業日」。他對這個日子的看重，甚至超過他的生日。可見，這份工作對他而言，意義是多麼重大。後來的洛克斐勒，在事業上取得了舉世矚目的輝煌成就，但是他一直認為，如果沒有這次求職的成功，就不會有現在的他。正是從那一天開始，他在商業上獲得了新生，他身上的活力開始甦醒了，他以非凡的熱情與智慧，投入到了商業社會之中。

洛克斐勒真正的獨立生活，是從獲得這份工作開始的。他終於擺脫了父親的陰影，成為一個真正的男人，邁開了向財富金字塔頂端攀登的步伐。他對這一天，已經企盼了很久。

他每天早出晚歸，但絲毫不覺得辛苦。記帳的工作很快就駕輕就熟，因為他從小就是家裡的管家，對數字一點也不陌生。洛克斐勒後來回憶起這段生活時說：「我的第一份工作是簿記員，所以我學會尊重數字和事實，無論它是多麼

小……我對事物的細節有著強烈的愛好，後來卻不得不盡力改掉這個愛好……這個工作令我著迷，令我解脫，它給了我新的自我。」

此外，洛克斐勒最幸運的是與兩位老闆在同一間辦公室工作，他可以真切地觀察他們做生意的一切脈絡，這是難得的學習機會。而且兩位老闆對這個小孩子一點也不設防，經常談論各種生意場上的問題。洛克斐勒是一個擅長學習的人，他從不放過任何學習的機會。他在替老闆工作的同時，也總結了自己的一套商業原則，那就是：誠信、名聲、細節。他堅信，總有一天，他也會像他們一樣，擁有自己的事業與前程。

可以說，洛克斐勒在他的第一份工作中，得到了極大的磨練。他學會了徹底的獨立，不再依靠任何人生活，他井井有條地安排自己的薪水與開銷。

洛克斐勒從自己的第一份工作中得到了許多東西，讓他獲得了商業方面的經驗與訓練。不過，他很快便感到這個工作已經無法讓他得到滿足了。1857 年，洛克斐勒升遷為主任簿記員，那時他年僅 18 歲，薪水也漲為每年 500 美元。但他依然感到這樣的待遇有些低。後來，他的薪水漲到了每年 600 美元，但他還是感到不夠。

薪水雖然節節攀高，但洛克斐勒總覺得不夠用。他從不亂花一分錢，他之所以感到錢不夠用，是因為他需要更多的錢來周轉。他已經開始嘗試在工作之餘做各種生意，他曾賣

過麵粉、火腿、豬肉，雖然金額不大，但每次都能賺到錢。他的這些小小成就一方面給他很多自信，另一方面也讓他在當地小有名氣。許多人都對他刮目相看，尊稱他為洛克斐勒先生。

終於，洛克斐勒於 1858 年年初從 Hewitt & Tuttle 公司辭職，與一個名叫克拉克的英國朋友合夥成立了一家經銷農產品的公司。公司總投資 4,000 美元，洛克斐勒和克拉克各出資 2,000 美元。但是，洛克斐勒因手頭資金不足，向父親借了 1,000 美元 —— 利率比市面上高一個百分點。

洛克斐勒對自己在 Hewitt & Tuttle 公司的學徒生涯一直心存感激。和許多靠個人奮鬥發跡的人一樣，他對自己早年的日子充滿了緬懷的深情。如果說他和別人有什麼區別的話，那就是他把整個那段經歷浸泡在感情的糖汁裡，時間越久那糖汁就變得越稠也越甜。即使到了 1934 年他 95 歲的時候，洛克斐勒還在試圖用他當年在 Hewitt & Tuttle 公司邁出勇敢的第一步和他在經商時所表現的精神來激勵他的一個孫子：「哦，那些必須為自己打基礎、為一生的開端而奮鬥的年輕人是多麼有福呀！我永遠對那 3 年半的學徒生涯和一生中等待我去克服的困難感激不盡。」

寶劍鋒從磨礪出，梅花香自苦寒來。洛克斐勒的商業天賦，經過 1,000 多個工作日子裡的打磨，一步一步地走向成熟，走向圓融。

牛刀小試誰能敵

1858 年 4 月，「克拉克・洛克斐勒公司」開業了。這個由兩位年輕人創辦的公司，從一開始就得到了業界的熱情對待。當地的報紙這樣寫道：「我們建議本報的讀者垂顧這兩位經驗豐富、負責任、交貨及時的商人開辦的公司。」

公司進展得非常順利，他們經營穀物、魚類、水、石灰、乳酪等。他們敢冒風險，同時也獲取巨大的利益。這讓洛克斐勒更加自信，他認為自己天生就是一塊經商的料。

不過，商業風險是任何經營者都必須面對的。在「克拉克・洛克斐勒公司」開業 2 個月之後，就遭遇到了一次慘重的損失。他們和一家農場簽訂了購買豆子的合約，不巧當地遇上了寒害，所以，當他們收到貨物時，竟然已經壞掉了大半，且裡面還摻雜著沙土和廢物。

因為這筆豆子生意的失利，使得公司的資金周轉一度出現了問題，所以洛克斐勒不得不向父親求助。雖然他並不想這樣做，但為了給自己的客戶足夠的信心，他們努力塑造一個財力雄厚的形象，讓客戶相信他們能提供大筆的預付款。

不過，做生意總是有賠有賺，關鍵要看總體的收益。在克拉克・洛克斐勒公司成立的當年年底，他們就賺了 4,400 美元的利潤，這在當時是一筆非常可觀的鉅款。

為了吸引更多的資金投入，公司於 1859 年邀請了另一個合夥人加德納的加入，此人是克拉克先前的同事，也是當地

的名門之後，因為加德納家族在當地具有相當的影響力以及財力，公司由原先的「克拉克‧洛克斐勒公司」改名為「克拉克‧加德納公司」。洛克斐勒在公司裡的地位明顯下降了，其中一個原因就是，他是三人之中年紀最小的一位。

儘管洛克斐勒心裡很不滿，但他沒有表露出來，裝出一副若無其事的樣子。他在心裡暗暗地說：「別得意，過不了幾年，我會做得比你們都出色。」這個不滿 21 歲的年輕人，比起那兩個大他 10 歲的合夥人來，表現得更老成，更成熟。

他告誡自己凡事要小心，不能得意忘形，更不能氣急敗壞。幾乎每天晚上，洛克斐勒都要與心中的上帝對話，這個習慣他保持了一生。他後來曾說：「我敢肯定的是，我與自己的私下交談，對我的一生產生了很大的影響，我生怕自己承受不了巨大的成功，一再告誡自己不要被任何愚蠢的主意沖昏了頭腦。」

洛克斐勒嚴謹的作為，雖然為他的合夥人所難以接受。但在生意場上，他很快便建立起了極佳的信譽，這讓他受益匪淺。客戶們都非常信任他，這讓他做起生意來容易得多。而且，他這種穩重的作風，在面對新客戶時也同樣有效。他從不與對手直接爭奪客戶，而是堅持自己的做法，實實在在地介紹自己的公司。

與刻板、內向的外表不相稱的是，洛克斐勒是一個非常善於和人打交道的年輕人。他非常固執，對於自己看中的事情，從不輕言放棄。雖然他曾多次被銀行拒絕，但他從不氣

餒。在公司成長的過程中，實際上是離不開銀行的幫助的。

洛克斐勒在談到自己的發展之路時說：「在我經商的整個過程中，最棘手的問題就是如何得到足夠的資本，去做我想做的，有能力做而且只要有足夠的錢就能做到的事情。」為了籌措資金，他父親一度也是他重要的債權人。當然，他最重要的資金來源，還是向銀行借貸。

經常與銀行打交道的經歷，將他鍛鍊成了一個談判高手。而對比自己實力雄厚的對手，他表現得詭計多端，而且他往往大造聲勢，以期獲得對方的信任。

1862 年，洛克斐勒將加德納趕出了公司，他對這個出身名門、花天酒地的合夥人早就看不順眼了。公司的名稱重新恢復為「克拉克。洛克斐勒公司」。

1863 年，在一個叫安德魯斯的照明專家的遊說下，洛克斐勒和克拉克成立了「安德魯斯·克拉克公司」。

那時的洛克斐勒，不是一個只會躲在辦公室裡指揮別人的老闆，他喜歡自己動手處理一些事情，即使是面對一些在別人眼裡微不足道的錯誤，他也會認真對待，從不馬虎。

公司在洛克斐勒的精心打理下，煉油業務取得很大的成功，不到 1 年，業務量就超過了農產品生意，成為公司最賺錢的業務。

如果說洛克斐勒最初進入石油業是多虧了安德魯斯的遊說的話，而他後來對石油的熱情則完全出自於自己的判斷。

據他的弟弟威廉後來回憶，由於當時兄弟倆住在同一所

房子裡，洛克斐勒經常深更半夜把他推醒問道：「我正在想一件事，想聽聽你的意見。」

睡夢正酣的威廉對哥哥抗議道：「我想睡覺，有什麼事明天再說不行嗎？」不過，有時他還是中斷睡眠，聽洛克斐勒講他對石油的看法。

同樣的情形也常發生在辦公室裡。洛克斐勒常常對那兩個比自己大 10 多歲的合夥人大談石油，而他們對洛克斐勒總是言聽計從。石油不僅帶給洛克斐勒前所未有的巨大成功，也讓他從中感受到了樂趣。

就像他早年的一個下屬所說的那樣：「我唯一看到洛克斐勒充滿熱情的時候，是從油溪傳來的消息，說他的買主以遠遠高於市場行情的價格買下一批石油，他聽後興奮地大叫，一下子跳了起來，還擁抱了我，然後又把帽子扔到半空中。那時他差點就瘋了！真是叫人終身難忘的情景啊！」

1865 年 12 月，洛克斐勒和安德魯斯開了第三家煉油廠，由弟弟威廉擔任總裁。洛克斐勒熱情不減，他每天都會出現在工廠裡。他背著雙手，巡視著自己親手打造出來的王國。哪怕是看到了一丁點不滿意的地方，他也會立即叫人改善，直到一切都無可挑剔為止。

洛克斐勒儘管在事業上蒸蒸日上，但他心裡明白，任何一個成功的企業家是不可能靠自己單獨的力量取得巨大的成功的，他需要一個與他思想接近、支持他並心甘情願做他的副手的人。

　　雖然弟弟威廉對他忠心耿耿，但他仍需要借助外來的力量，將事業往前推進。洛克斐勒這個希望真的如願以償了，他很快便遇見了事業上的知己。此人名為亨利‧莫里森‧弗拉格勒（Henry Morrison Flagler），比洛克斐勒年長 9 歲，他性格活潑，精力旺盛，同時對自己的想法和身世都諱莫如深。亨利與洛克斐勒性情不同，各有擅長，但他們能彼此欣賞，成為一對互補型的事業夥伴。

　　亨利認為建立在生意上的友情勝過建立在友情上的生意。對此洛克斐勒相當讚賞，他們的友情就是在共同的生意中建立並深入發展的。他們一起上下班，一起回家吃午飯，再一起回公司，晚上又一起回家。他們經常一邊走路一邊討論公司裡的事。

　　在辦公室裡，他們相背而坐，共同處理事情，甚至於共同撰寫同一封商業信函，然後再交換初稿，做一些細小的改動，直到雙方都滿意為止。能遇到這樣的朋友與合作者，對洛克斐勒而言，比賺到一大筆錢更有意義，而且，亨利為洛克斐勒帶來的，還遠不止這些。

　　由於龐大的資金需求，洛克斐勒已經從銀行借貸了大量款項。但他對這種靠借貸的狀況並不滿意，於是將眼光投向了個人投資者。

　　南北戰爭結束後，出現了一大批暴發戶，這些人手裡擁有可觀的資產和現金，他們正在尋找有利可圖的專案。經過亨利的介紹，洛克斐勒從當地富豪史蒂芬‧哈克尼斯

（Stephen Harkness）那裡獲得了投資。此人在戰爭期間靠
囤積貨物發了大財。由於對亨利的特殊信任，哈克尼斯同意
投資 10 萬美元，而且並不要求洛克斐勒以貨物作為抵押。

他的條件是讓亨利作為自己的監督人，出任公司的財務
主管。這當然是洛克斐勒求之不得的。由於哈克尼斯的幫
助，洛克斐勒與銀行、鐵路、礦業等行業的業務聯繫更進了
一步。

有了亨利的加盟與協助，洛克斐勒如虎添翼。他們兩人
都雄心勃勃，絕不滿足於眼前的小小成就，都想著盡可能地
利用各種資源，將企業盡快發展壯大。

洛克斐勒從這個新合夥人身上受益匪淺，亨利的樂觀與
熱情，深深地影響了洛克斐勒。在以後的幾十年裡，他們一
直保持著極佳的合作與友情，這與洛克斐勒以前幾個合夥人
的關係完全不同。有人說，對洛克斐勒而言，亨利‧莫里
森‧弗拉格勒是上帝的禮物。

石油從開採、提煉到使用，其間往往要經過長途運輸。
可以說，運輸一直是制約石油開採業的一個瓶頸。如今，世
界各國都建立了高效的輸油管道，透過四通八達的網路將原
油源源不斷地輸出。可是，如今的人們一定很難想像，在
100 多年前，曾經有過怎樣一段利用馬車運送原油的歷史。
不過，在馬車運輸之後的很長時間裡，一直是由鐵路公司主
宰著石油的運輸。

洛克斐勒創業的克里夫蘭市地處交通樞紐，鐵路四通八

達，這讓洛克斐勒在與鐵路公司的談判中多了一些籌碼。洛克斐勒和弗拉格勒運用高超的技巧和才智，不斷迫使鐵路公司降低價格。當時，經過克里夫蘭市的鐵路主要有三條：紐約中央鐵路、伊利鐵路、賓夕法尼亞鐵路。洛克斐勒利用其高超的商業技巧，以最優惠的價格讓鐵路公司運送自己的石油。

當時，在克里夫蘭市的石油運輸業裡，賓夕法尼亞鐵路公司占有壟斷性的地位，由於其鐵路通往重要的開採基地——匹茲堡，該公司便利用其優勢，向匹茲堡的各煉油廠索取高額的運費。

為了鞏固自己的霸主地位，賓夕法尼亞鐵路公司利用各種方法，來削弱克里夫蘭市的煉油中心地位。他們聲稱，克里夫蘭市的地位將被匹茲堡所取代。

這種說法一度引起了極大的恐慌，許多煉油廠的老闆甚至想搬遷工廠。不過，洛克斐勒一向頭腦冷靜，他一眼就看穿了賓夕法尼亞鐵路公司打擊競爭對手的目的。他認為，自己能充分地利用這次機會，把壞事變成好事。

洛克斐勒和弗拉格勒在與中央鐵路公司的談判中，得到了比賓夕法尼亞公司向客戶開出的運費折扣更為優惠的價格。他們巧妙地把自己的劣勢變成了優勢。

當然，洛克斐勒與弗拉格勒並非是一味地用賓夕法尼亞公司來威脅這兩家公司並逼迫他們降價的，而是提出了十分誘人的條件作為回報。他們承諾向鐵路公司提供每天 60 車次

的驚人運量。

以當時洛克斐勒的煉油廠的產量而言，他遠不能提供如此之高的貨運量。不過，他認為透過和本地其他煉油廠的協調，他一定能滿足自己向鐵路公司開出的運量。就這樣，洛克斐勒讓每桶油的運費從 2.4 美元降到了 1.5 美元。

雖然很多人對洛克斐勒的做法不滿，但不可否認的是，無論是克里夫蘭市的煉油廠還是鐵路公司，都從這筆交易中受益匪淺。鐵路公司獲得了穩定的運量，降低了運輸成本，進而增加了收益。而煉油廠從降低的運費中得到了直接的實惠。

由於與鐵路公司的協定，使得克里夫蘭市很快超過匹茲堡而成為主要的煉油中心。而洛克斐勒作為年輕的石油大亨，也奠定了無人能夠撼動的重要地位。

一舉成名天下知

1870 年 11 月 10 日，洛克斐勒、安德魯斯和弗拉格斯的合夥公司撤銷了，取而代之的是名為標準石油公司的聯合股份公司。

這家新公司的註冊資本為 100 萬美元，相當於現在的 1,100 萬美元。這是世界商業史上的一個里程碑，因為當時，全世界都沒有任何一家企業在組建時擁有這麼大的資本額。

標準石油公司控制了全美國 10%的煉油業務。此外，這家公司還擁有一家油桶廠及倉庫和運輸設備。不過，這些仍然不是洛克斐勒的終極目標。他說：「總有一天，所有的煉油和製桶業務都要歸屬標準石油公司。」

然而，這個資本雄厚的公司並沒有讓富有的投資者紛至沓來。這其中的一個重要原因就是大環境不好、經濟因素變化過快，人們對投資的信心嚴重不足。

1871 年，由於成品油價一再下滑，使得許多煉油廠瀕臨破產的邊緣。不過，就在這四面楚歌的情形下，標準石油公司仍然為股東分配了 40%的紅利。而且，洛克斐勒準備好好地利用因為不景氣的因素而帶來的商機。就在當年年底，他精心策劃了博斯特威克的提爾福德公司收購案。

1872 年 1 月 1 日，標準石油公司的執行委員會將公司的資本從 100 萬美元追加到了 250 萬美元，第二天又擴增至 350 萬美元。

洛克斐勒認為，越是在困難的時候，越要向外界顯示自己的信心與實力，只有這樣才能吸引合夥人做出加入自己公司的決定。

標準石油公司的大量增資是為接下來的行動打好基礎，因此，就在決定增資的當日，公司的執行委員會做出了一個重要的決定，即「收購克里夫蘭以及其他地區的部分煉油廠」。企業的併購在今天看來只不過是很平常的事，可是在當時，這樣的決定具有相當的超前性。

　　就在標準石油公司緊鑼密鼓地打響收購戰的同時，另一項祕密計畫也漸漸地浮出水面。這是一項影響深遠、一度曾引起軒然大波的商業醜聞，而身為當事人的洛克斐勒，也正是從那個時刻起，被人們看成是善用不正當方法的競爭者。

　　為了排擠競爭對手，洛克斐勒不計前嫌，向曾經是死對頭的賓夕法尼亞鐵路公司表達善意，作為回報，鐵路公司的老闆斯科特提出了一個極為大膽的計畫。

　　斯科特提議，賓夕法尼亞鐵路公司、紐約中央鐵路、伊利鐵路與煉油商結盟，主要是與標準石油公司結盟。他提出了一個具有空殼性質的公司 —— 南方促進公司，要求大家入夥，所有加入該公司的煉油企業可以享受高達 50% 的折扣，而與此同時，鐵路公司對所有煉油商大幅度提高運價。

　　這樣一來，那些不能享受折扣的煉油企業將陷入絕境。即使在今天看來，這樣的條款也是一種不折不扣的不正當競爭方法，是法律所禁止的。雖然洛克斐勒曾主張應當一視同仁地請所有煉油商加入這個空殼公司，但事實上還是以標準石油公司作為主導的，洛克斐勒兄弟和亨利‧莫里森‧弗拉格勒擁有四分之一以上的股票。

　　人們也許有些不理解，鐵路公司為何做出了這樣的決定，將洛克斐勒和他的同夥的地位無限提高呢？

　　當時的情況是，由於各鐵路公司競爭激烈，彼此之間大打價格戰，致使運費大幅下降，他們需要一個「中間人」來調解這種對誰都不利的局面，這樣一來，如果標準石油公司

出面，保證每家鐵路公司都能得到確定的石油運輸份額，它們的關係則由競爭變成了合作，對哪一方都是有利的。

這個計畫最終宣告失敗，因為他們一批貨也沒運，也從來沒有得到任何折扣和補償。不過，人們仍然從中看出了洛克斐勒的野心，看到他企圖成為產業霸主左右業界的計畫。而且，有了這次經驗之後，洛克斐勒更加懂得如何採用更為迂迴曲折的方法來實施他的計畫。

這個流產的壟斷組織使得洛克斐勒顯示了他日漸高漲的威望與號召力，他在短時間裡將克里夫蘭的煉油商們聚集在一起。

他在短短的 40 天裡，吞併了 22 家煉油廠，創下最快的兼併紀錄，即在 48 小時之內一口氣買下了 6 家煉油廠。由於煉油廠商們看到這樣的情形，同時也由於洛克斐勒的勢力非常強大，他們悲傷地感到，如果不賣掉工廠，到頭來也只有破產。

洛克斐勒抓住一切機會來擴張自己的商業王國，不過，石油行業的混亂局面並沒有因此而得到改觀。產量不斷上升，價格持續低迷，留給煉油商們的利潤空間比先前大幅縮水。

洛克斐勒利用這種局面，盡可能地搶占石油份額。他並不想坐等市場規律將那些弱小的煉油廠商淘汰出局，而是主動出擊，將它們收編於自己的麾下。洛克斐勒憑藉他與鐵路公司達成的協定，迫使他們乖乖地交出自己的企業。

　　1873 年，美國經濟在南北戰爭後的持續增長終於走到了盡頭，隨之而來的是漫長的蕭條期。失業率居高不下，大批工廠倒閉，薪資大幅下滑，人們普遍感到生活水準下降。

　　作為經濟的重要部分，石油業的「黑色星期二」終於到來，原油價格暴跌，甚至比運費的成本還低。不過，就在這樣的艱難時期裡，總還有那麼一些人，趁機擴充自己的實力，將經濟衰退看作是實現自己的宏偉藍圖的大好時機。

　　就像卡內基利用這次經濟大蕭條大肆擴充自己的鋼鐵企業一樣，洛克斐勒也抓住這一時機，在對手願意低價出售企業的時候，大幅削減標準石油公司的股息，以擴大現金儲備。憑藉公司健全的財務政策，及與銀行、投資家的良好關係，標準石油公司承受住了嚴峻的考驗。

　　在那次經濟大蕭條時期，大多數企業由於生產力過剩而不得不歇業，標準石油公司也未能倖免。

　　當時，標準石油公司的產量已占整個行業的四分之一，但為了節約成本，只有大約三分之一的煉油廠開工。儘管如此，標準石油公司仍然賺取了可觀的利潤，其所取得的成績有目共睹，被認為是業界的奇葩。

　　這種在頹勢中保持活力的能力，成為標準石油公司巨大的吸引力。很多時候，洛克斐勒只要給他的競爭對手看看他的帳本，就能輕易地將其收入自己麾下。

　　就在這種大環境極為不利的情況下，洛克斐勒又在全美展開了大兼併，讓一家又一家煉油廠改換主人，處在自己的

統治之下。不過，洛克斐勒雖然對許多煉油廠覬覦已久，但其兼併卻是在暗中進行的。

因為按當時的法律，在某一個州註冊的股份公司，是不能在州外擁有資產的。

標準石油公司的註冊地是在俄亥俄州，按理說它不能擁有任何州外財產。所以，洛克斐勒的兼併行為實際上是違法的，為了掩蓋事實，他要求對方要守口如瓶，繼續沿用原有的名稱營業，千萬不能洩露標準石油公司對他們的所有權。為了保密，他要求這些企業繼續使用印有原公司名稱的信箋和信封，不能在任何書面資料中留下與標準石油公司有關聯的證據。但同時，公司要另設一個祕密帳戶，在與標準石油公司的關聯中，使用密碼或是假名。

洛克斐勒這種略顯有些「神經質」的謹慎，其實是不得已的。如果他不採用特別方法來規避這些限制，而是安分守己地做他的煉油廠老闆，他的企業帝國就不可能如此迅速地建成。

1874 年是洛克斐勒決戰匹茲堡和費城的關鍵性年頭。如果洛克斐勒能收購這裡的幾家大煉油廠的話，接下來就能輕而易舉地吞併那些小煉油廠。

這年秋天，洛克斐勒和弗拉格勒與匹茲堡和費城的兩家大煉油廠商舉行了祕密會談。在長達 6 小時的會談中，洛克斐勒將自己說服人的天分發揮得淋漓盡致。

他說，只有大家合併為一個全國性的大公司，才能避免

價格大戰，而無休止的價格大戰最終會讓所有的企業元氣大傷。正當這兩個大煉油廠商猶豫不決時，洛克斐勒使出了最具誘惑力的一招，他邀請他們來克里夫蘭市查閱一下標準石油公司的帳。

這一招果然奏效，當他們看到標準石油公司煉油的成本竟然低到他們從未想過的程度後，心裡也便明白，除了與洛克斐勒合作，他們別無出路。在得到洛克斐勒安排他們在公司的管理階層中占有一席之地的保證後，他們終於投靠了洛克斐勒。

兼併匹茲堡和費城的兩大煉油廠，是洛克斐勒取得的重大勝利。很快，這兩個重要的煉油中心的大部分煉油商，都轉而成了洛克斐勒的代理人。此外，洛克斐勒在紐約也先後收購了三家煉油廠。從此，洛克斐勒成了名副其實的壟斷寡頭。在那種情況下，如果他想和誰作對，便可以調用一切資源，讓對方在最短的時間內垮臺。

兼併不僅讓標準石油公司成為一艘不會沉沒的巨艦，同時，也讓洛克斐勒從中發現了一批優秀人才。一些被他收購的工廠企業主，原本就是極富才幹的，而洛克斐勒要想駕馭這個龐大的巨艦，正需要他們能真正為自己所用。

在洛克斐勒的事業夥伴中，除了亨利‧莫里森‧弗拉格勒之外，另一個重要人物就是阿奇博爾德（John Dustin Archbold）。他是一位牧師的兒子，不過其父親很早就拋棄了家庭，他只好在十幾歲便來到煉油廠，他幾乎是與煉油業

同步成長的。

阿奇博爾德性格樂觀，頭腦機敏，永遠保持著一副快樂、平易近人的形象。甚至有人說他是「一路笑著就發了大財」。

洛克斐勒嚴肅刻板的個性，與阿奇博爾德相比可謂是天壤之別，不過，洛克斐勒非常喜歡這個興高采烈、善於講笑話和故事的人。早在他們還沒有謀面時，洛克斐勒就對他產生了興趣。

一次，洛克斐勒在一家飯店登記時，發現在自己簽名檔的上方，寫著這樣一行字「約翰‧D‧阿奇博爾德，4美元一桶」。當時原油的價格遠遠低於4美元，阿奇博爾德的自負與孩子氣給洛克斐勒留下了深刻的印象。進入標準石油公司後，阿奇博爾德得到了洛克斐勒的大力栽培，最終成了他的代表和繼承人。

阿奇博爾德真誠的個性很容易贏得他人的信任，他本人也十分擅長處理公共關係事務。於是洛克斐勒委託阿奇博爾德作為標準石油公司的全權代表與煉油商談判。

當時，由於許多煉油商對洛克斐勒恨之入骨，所以避免和這些人直接見面是較為明智的抉擇。許多人將標準石油公司罵成是「章魚」，將洛克斐勒視為魔鬼，甚至連母親們在嚇唬不聽話的小孩子時也會說：「快跑，不然洛克斐勒會抓到你的！」

就在這種極不受歡迎的情況下，阿奇博爾德的加盟為洛克斐勒解決了許多難題。他那張永遠面帶微笑的臉能夠大大

緩和對方的敵對情緒，在談話中發揮了很好的作用。有了阿奇博爾德，洛克斐勒再也不用直接去面對那些討厭自己的競爭對手了。

1875 年 9 月，標準石油公司組建了阿克米石油公司，由阿奇博爾德負責。這家新公司和阿奇博爾德的使命，就是兼併其他的煉油廠。阿奇博爾德出色的公關才能在這一系列的兼併活動中發揮得淋漓盡致，短短幾個月內，他就買下或租賃了 27 家煉油廠。接下來的 3 到 4 年中，他將剩下的獨立煉油廠悉數併入標準石油公司的囊中。

人們可能以為，洛克斐勒一定會指示阿奇博爾德以最低的價格將那些煉油廠據為己有，因為標準石油公司在談判中處於有利的地位。不過，事實並非如此，身為一個商人，洛克斐勒雖然把追求神聖的利潤視為自己的權利與義務所在，但他並不會極力地利用對方的劣勢，有時他甚至顯得度量很大。他在寫給阿奇博爾德的信中，要求他在收購煉油廠時，付給它們原來的主人一個公道的價格，阿奇博爾德也確實是這樣做的。

1875 年 5 月，洛克斐勒祕密收購了西維吉尼亞州的卡姆登公司，並將其更名為卡姆登聯合石油公司。這次收購在洛克斐勒的商業史上，具有劃時代的意義。至此，洛克斐勒完成了自己控制主要煉油中心的宏偉計畫。

卡姆登公司的加入，恰好彌補了洛克斐勒的一大弱點，因為他控制的煉油廠主要分布在分別由紐約中央鐵路、伊利

鐵路和賓夕法尼亞鐵路運管的區域裡，而卡姆登公司恰恰為他開了一個缺口。有了卡姆登公司作為先鋒，洛克斐勒一舉收購了由巴爾的摩 —— 俄亥俄鐵路公司控制區域內的三家煉油廠。這個十分仇視標準石油公司、處處與洛克斐勒作對的鐵路公司最終發現，他服務的客戶都聽命於標準石油公司，而自己對此已是回天乏術了。

那時，除俄羅斯以外，西賓夕法尼亞州以外的地方還沒有發現大油田，這意味著 36 歲的洛克斐勒早早地成為了石油王國的君主。

首富之路多坎坷

長期以來，阻撓石油業的兩個難題一刻也不曾停止過。洛克斐勒擔心，如果石油這種採自地下的資源一旦枯竭，那麼他們所投資的大量石油管道和煉油設備將白白地閒置；另一方面，如果油田被大量發現，油價將變得極為廉價，甚至低於生產成本。正是這種原因，使得石油業一直都是一個起伏不定、充滿了變數的行業。

1880 年代初，面對石油業混亂的狀況，甚至有人建議洛克斐勒退出石油業，從事一種更為穩定的行業。不過，洛克斐勒憑著自己天才般的商業直覺，駁斥了那種過於悲觀的論調。他深信，上帝讓人類發現了這種深埋於地下上億年的資源，肯定有其目的，石油的命運是絕不會就此終結的。

標準石油公司在進入石油業的前期，一直將業務重心放在了煉油、運輸及銷售方面，相比之下，其在石油生產方面的投入卻少得可憐。其中的原因之一就是大量的中小採油商雲集採油業，洛克斐勒能夠因他們在競爭中競相削價，輕而易舉地坐收漁翁之利。

不過，這種情況到了 1880 年代中期卻發生了很大的變化。隨著標準石油公司出口業務的增加，他們在許多方面建立起了巨型的加工廠，對原油的需求量也變得異常巨大。由於擔心俄羅斯豐富的石油產量最終會超過美國，洛克斐勒要求手下建立超出他們日常需要的原油儲備。

他對那些對這一策略心存疑慮的下屬說：「我們必須保證手頭永遠有大量的石油，即使儲備有些過量，也比冒著風險，讓俄羅斯人把我們排擠出局要好。」

1885 年 5 月，一個天然氣勘探小組在俄亥俄州西北部的萊瑪探尋天然氣時，意外地在那裡發現了一片儲量豐富的油田。許多採油者蜂擁而來，在那裡一下子冒出了幾百個石油井架。

不過，令許多人始料未及的是，萊瑪原油含油量較低，硫化物的含量高，散發出一股難聞的氣味。

就在許多採油商準備放棄這裡的油田時，洛克斐勒卻對它充滿了信心。他說：「出現這麼好的產品，卻棄之不用，讓它白白地浪費掉，這在我們看來是難以置信的。所以我們繼續做實驗，想盡一切辦法來利用它。」

　　為了解決原油的品質問題，洛克斐勒請了一位名叫弗拉希的德裔化學家，要求他去掉萊瑪原油中的異味，把它變成可以上市銷售的商品。

　　就在這位化學家積極地展開工作的同時，標準石油公司內部也針對萊瑪油田發生了一場激烈的爭吵。董事會裡有兩種不同的意見，其中一種相信弗拉希一定能夠取得成功，所以主張將俄亥俄州的大片土地全部買下來；另一種意見認為，等到弗拉希做完實驗再決定是否購買土地。

　　洛克斐勒從少年時代起，就一直是一個行事謹慎的人，他的這種風格從未改變過。然而在對萊瑪油田的問題上，他卻顯示出其甘冒風險的另一面，準備在萊瑪油田上投下一筆大賭注。不過，由於洛克斐勒一直堅持只有在全體意見一致時才採取行動的管理方式，所以他並沒有將自己的意見強加於任何人，而是聽任一場曠日持久的爭論在標準石油公司的董事會上進行下去。

　　不過，這場有關萊瑪油田的爭論最終還是由洛克斐勒出面打破了僵局。在一次董事會上，洛克斐勒像以往那樣提出了萊瑪油田的投資問題，與往常相同的是，反對這一計畫的人斬釘截鐵地說：「不行！」但是，這一次洛克斐勒並不準備就此甘休，他冷冷地對那些反對他的人說：「我準備用自己的錢進行這項投資，並且願意承擔 2 年的風險。如果 2 年後這項計畫成功了，公司可以將錢還給我，如果失敗的話，由我個人來承擔損失。」

　　反對這項計畫的人也許是從洛克斐勒的決心裡看到了希望，他們最終放棄了自己的立場，決心和洛克斐勒一起做。至此，這場爭論終於落幕。

　　標準石油公司斥鉅資買下了萊瑪油田，並在那裡建造了油罐車，鋪設了輸油管道。

　　很快，公司就控制了那裡 85% 的石油。雖然當時這種難聞的石油還沒有什麼市場，但洛克斐勒還是下令大量儲存，到 1888 年，標準石油公司的庫存量達到了 4,000 萬桶。面對這場勢在必得的賭博，洛克斐勒表現出了更大的膽量，他一方面要求化學家們加緊工作，做出成果；另一方面四處派人為這種石油尋找新作用。

　　由於氣味難聞，萊瑪石油不能用作照明，所以標準石油公司派出了大量的推銷員和技術人員勸說鐵路公司、旅館、工廠及倉庫用石油做燃料來替換煤爐。雖然此舉效果並不顯著，但總算為萊瑪石油找到了一條出路。

　　1888 年 10 月 13 日，洛克斐勒終於等到了一個讓他期待了 2 年的好消息：弗拉希的試驗成功了！弗拉希的成功，不只是一項科學試驗方面的巨大成就，同時也維護了洛克斐勒的超乎常人的預言家的美譽。

　　在未來的幾十年裡，弗拉希的專利為洛克斐勒和標準石油公司帶來了令人目眩的巨額利潤，被稱為是「19 世紀最偉大的發明之一」。

　　從此，那些靠冒險、運氣而白手起家的商人們，不再排

斥蝸居於實驗室中的科學怪人，他們終於意識到了科學所能發揮出的巨大的威力。按照今天的話說，就是「科學技術是第一生產力」。

此後許多企業都建立了自己的實驗室，網羅了一大批卓有建樹的科學家，這種商業與科學的結合，成為 20 世紀的一種極為普遍的做法，此舉大力推動了人類社會前進的步伐。

弗拉希的發明，使洛克斐勒不再有任何顧慮，他全力以赴地投入到了石油生產之中，並開始在這一行業中進行了前所未有的大併購。

1891 年，洛克斐勒控制了萊瑪的大部分油田，以及全美四分之一的石油生產，迅速而徹底地確立了其在石油業中不可動搖的統治地位。

就在自己龐大的商業王國所向無敵的時候，洛克斐勒敏銳地意識到了來自政治方面的威脅。

1888 年美國大選時，許多地方都爆發了旨在反對各種托拉斯的抗議活動，兩大政黨也相繼表態，嚴厲譴責經濟集中、不利於自由競爭的行為。就在這種極為不利的形勢下，洛克斐勒不得不接受政府的審查。

為了指導洛克斐勒如何面對紐約參議院的聽證會，公司聘請了一位名叫喬特的著名律師。1888 年 2 月的一個寒冷的上午，洛克斐勒在喬特的陪伴下來到紐約最高法院。

此時的洛克斐勒已不是早年默默無聞的商人，報紙的大肆炒作，使他迅速成為了一個傳奇人物。法庭裡坐滿了人，

洛克斐勒此時的角色，更像是一個受審者，就連經驗豐富的喬特律師，也為他的顧客感到一絲擔心。

負責在法庭上向洛克斐勒提問的是一位喜歡裝腔作勢的律師，他不停地踱步，並以各種肢體語言表達他對這位掠奪者無聲的譴責。不過，無論這位律師如何言辭激烈，洛克斐勒始終保持平靜，像平時一樣對這一切視而不見。

一家報紙曾這樣描述洛克斐勒在法庭上的情形：「他看上去彷彿是溫柔和光明的化身。什麼也不能影響他安詳的神態……他作證時聲音悅耳、吐字清晰，從容不迫……他的口氣時而略帶責備，時而又婉言相勸，但卻從未發過脾氣或是露出惱怒的神情。」

在與政府的這場較量中，洛克斐勒顯得大智若愚，他擅長用模稜兩可的回答把別人搞糊塗。雖然在法庭上對著上帝發過誓，但洛克斐勒並不認為自己有義務向法院提供更多關於標準石油公司的資訊，他由一個精明的天才商人搖身一變成為了一個神色茫然、極度健忘、思維混亂的人。

更讓許多人想不到的是，洛克斐勒從他父親身上繼承的表演天賦。他在法庭上恰當地運用了這種才能，許多看過報導或是親自旁聽過審問的人都不自覺地同情洛克斐勒，認為這個看上去和藹可親的人是不可能和那些骯髒的金錢交易有關聯的。

洛克斐勒按照律師的建議，盡可能少地透露真相。

為了反駁標準石油公司是一家壟斷企業的說法，他提交

了一份羅列有 111 家煉油廠的名單，以說明競爭關鍵的存在，同時，他還充滿感情地向聽眾們講述了自己與俄羅斯石油大亨展開激烈競爭的感人故事，以說明自己如何在國際市場上維護美國企業的聲譽。

洛克斐勒從不與律師發生爭執，他具有非凡的自制力，同時，他的直覺與天賦使他能夠敏銳地捕捉到起訴人所提的問題中蘊含的微妙含義，對法律的圈套具有超人的第六感覺。

一位曾經就關於托拉斯問題在法庭上盤問過洛克斐勒的律師曾這樣回憶道：「他總是能明白我的想法，猜出接下來要問的 6、7 個問題會是什麼。我一開始提出的問題都是為以後的問題打基礎。但是，我總是從他眼中看到一種特殊的光彩，表明他已經發現了我的動機。我還從未看到哪個證人擁有洛克斐勒先生這樣明察秋毫的能力。」

雖然洛克斐勒沒有給律師任何機會，但調查機構還是對標準石油公司這一托拉斯組織予以大力渲染。

他們在報告中宣稱，標準石油公司的成功已經成為了一種體制的典範，而且這種體制已經像瘟疫一樣正在全國範圍內傳播。不過，調查機構最終還是暫時宣布免除對標準石油公司掠奪性商業行業進行起訴，但同時也駁斥了洛克斐勒關於石油這一行業存自由競爭的說法。

100 多年後，當我們能公正地看待石油托拉斯問題時，應當能夠給洛克斐勒一種較為公正的評價。

　　在當時的經濟環境中，石油業從一種混亂無序的自由競爭體制下進入集中的托拉斯時代，是一種現實的需求。

　　正是由於洛克斐勒將各種資源集中起來，才使得這一經濟組織得以無論在生產力不足或是過剩的情形下都保持營利，可以說，正是洛克斐勒和他的托拉斯組織，拯救了石油業。不過，雖然標準石油公司多次逃過了托拉斯問題的審判，但最終還是不得不面對命運的宣判。

　　進入 1890 年代後，洛克斐勒看到自己龐大的商業王國已經開始平穩運行，出於對健康的關注，他漸漸地開始轉移注意力，不再過問公司的事務。

　　但事與願違，雖然他已經開始主動引退，但還是無法得到清靜，一場長達 20 年的訴訟，使洛克斐勒退休後的生活顯得異常引人注目。

　　1889 年的一天傍晚，俄亥俄州哥倫布市的一位年輕的首席檢察官沃森信步走進一家書店，發現了一本名為《托拉斯：近年來的企業合併》的書，他把這本書買了下來，拿回家仔細研讀。

　　這位檢察官在書中發現了標準石油公司的種種行徑，他敏銳地意識到這將是自己職業生涯中的一個千載難逢的好機會。1890 年 5 月，這位檢察官向俄亥俄州最高法院提起公訴，要求制裁俄亥俄州標準石油公司的不正當行為，並提出直接解散標準石油公司的要求。

　　面對這個多少有些突然的官司，標準石油公司的管理階

層像往常一樣，對這種指控進行了公然駁斥，認為這不過是競爭對手的騷擾而已。

不過他們很快發現，這次所需要面對的人物與前幾次托拉斯訴訟中的律師很不相同，這位沃森檢察官具有非凡的才能，而且他似乎不達目的誓不甘休。

標準石油公司借助自己在共和黨內的支持者，給沃森寫了一封措辭嚴厲的信：「標準石油公司是由一些全國最優秀、最強有力的人物領導和管理的。他們幾乎個個都是共和黨人，在對本黨的捐獻中一向十分慷慨。據我個人所知，洛克斐勒先生一直默默地為其貢獻。」

儘管共和黨領袖軟硬兼施，要求沃森檢察官撤銷起訴，無奈沃森絲毫不為所動。據資料顯示，標準石油公司還輾轉找人向沃森行賄，要求他撤銷起訴，同樣未能奏效。

沃森以非凡的毅力頂住了來自各界的壓力。1892 年 2 月，他終於在這場訴訟中取得勝利，俄亥俄州最高法院裁定，俄亥俄州標準石油公司必須宣布放棄托拉斯協定。

這可以說是洛克斐勒真正面臨的第一個難題，不過，由於事先已經充分推測到了這一結果，他還是相當平靜地接受了法院的裁決。

其實，早在幾年前，標準石油公司高層便已開始研究各種對策，以應付一旦反托拉斯訴訟敗訴而被迫解散的情況。所以，面對這次裁定，他們早有準備。

洛克斐勒將這次裁定當成了一次機會，他對公司進行重

組，使其更加適應未來的發展戰略。

　　經過一番認真思考，標準石油公司決定執行俄亥俄州最高法院的裁決。1892 年 3 月 10 日，即在法院做出裁定的一個星期後，標準石油公司宣布即將解散自己的托拉斯組織，並於第二天向全體持有公司託管證書的人發出信函，要求他們出席 3 月 21 日召開的會議，屆時將他們手中的證書換成相同比例的 20 個分公司的股份。

　　在這次大會上，所有持股者一致通過了解散托拉斯的表決。同時，由於紐澤西州的法律規定，允許位於該州的公司控制其他公司的股份，洛克斐勒於是利用這一法律規定，讓位於紐澤西州的標準石油公司占有了某種特殊的地位，以它的名義買進了標準石油公司其他公司的全部或大部分股權，因而使其合法地控制了標準石油公司的大部分產權。

　　有人說，這次重組表面上看來是洛克斐勒履行自己身為一個公民的法律義務，實際上不過是他玩的一場安撫法庭的把戲而已。

　　原有的標準石油公司總部的執行委員會雖然宣布解散，但這些高層管理者搖身一變，成了 20 家分公司的總裁。除了頭銜的變化以外，其他一切均照原樣保留，這些人依舊一起工作，一起開會，甚至連午餐桌上的座位次序也絲毫未變。身為其中的核心人物，洛克斐勒依然在其中發揮著關鍵性的作用。

　　這次重組使標準石油公司這樣一個龐然大物，激起了那

些充滿了鬥志的司法界精英們的憤怒。

1906 年 12 月 8 日，距上次審判 14 年之後，美國聯邦政府再一次依照反托拉斯法，在密蘇里州對標準石油公司提起訴訟，要求解散該公司。

在這個長長的名單中，有紐澤西標準石油公司和它旗下的 65 個分公司及其高層管理者，洛克斐勒當然名列首位。

政府指控這些人壟斷石油業，並密謀運用不正當的競爭方法，包括收取鐵路回扣、濫用輸油管道壟斷權、制定掠奪性價格、刺探工業祕密及設立欺騙性的掛名競爭公司，並建議對這個壟斷組織予以全面制裁，將其分解成為彼此獨立的公司。

起初，洛克斐勒和他的幕僚們對此並沒有特別地放在心上，以為這次訴訟與以往一樣，只不過是一場法律上的遊戲罷了。不過，隨著事態的進一步發展，他們終於意識到了事情的嚴重性。

到了 1907 年，竟相繼有 7 個聯邦起訴和 6 個州的官司找上了標準石油公司。其中俄亥俄州法院為洛克斐勒羅列了 939 條罪狀，以控告其不可原諒的掠奪與詐欺行為。

雖然自 1890 年代初，洛克斐勒已經逐步開始隱退，但他意識到，身為一個叱吒商界幾十年的風雲人物，他的退休生活不會有他渴望的片刻安寧。雖然這時的洛克斐勒只不過是標準石油公司名義上的總裁，但還是不得不為整個公司的命運負責。

　　1907 年 7 月 6 日上午，約翰・洛克斐勒和威廉・洛克斐勒一起來到聯邦法院大樓，那裡早已集聚了幾百個看熱鬧的人。當有人認出頭戴草帽、手裡拿著細長手杖的人就是洛克斐勒時，人群中出現了一陣騷動。

　　有一個流浪兒在人群中高呼：「那個人上過報紙。」洛克斐勒對人群報以微笑，並保持他一貫的沉著冷靜的作風。

　　進入法庭後，洛克斐勒開始了長達 15 分鐘的證詞陳述，他的發言顯得非常真誠，充滿感情，同時又含混不清，對指控撇得一乾二淨。

　　有位記者曾這樣描述當時的情形：「洛克斐勒先生是整個屋子裡表情最為冷靜的人。他的每一個動作都十分緩慢、莊重，他說話的節奏不疾不徐，在回答法庭提出的問題時語速更慢。」

　　對於法官的提問，洛克斐勒常常裝糊塗，回答說自己不記得或是想不起來。他回答所有的問題時都是遲疑不定，拖拖拉拉，前言不搭後語，這使得法官對他的證言產生懷疑，不敢採信。

　　負責這次審訊的蘭迪斯法官被搞得相當被動，雖然他明白洛克斐勒只不過是在表演他的拿手好戲，但仍是沒有辦法。不得已，這位法官當庭宣布對洛克斐勒免於刑事訴訟。

　　不過，事情並沒有終結。1 個月後，這位法官決定採取報復行動，在宣布對標準石油公司的判決書中，他用激烈的言辭指責其為無異於一個臭名昭著的竊賊，並指責標準石油

公司的律師蓄意無禮。

最後，這位被激怒的法官宣布對印第安那標準石油公司處以 2,924 萬美元的罰款，這一數額相當於如今的 4,570 萬美元，比當年聯邦政府每年印製的貨幣總量的一半還要多。

據說，這筆數額驚人的罰款讓許多人大吃一驚。不管罰款的數額有多麼驚人，洛克斐勒還是以他特有的冷靜接受了。據報導，接到判決書的時候，這位石油大亨正在進行一場高爾夫雙打比賽，看完判決書後，他將它放進衣袋，提議比賽繼續進行。而且，那天洛克斐勒的狀態極佳，只用 53 桿就打完了九個洞，是他得分最高的一次。

事實上，久戰沙場的洛克斐勒雖然具有在任何突發狀況中保持克制與冷靜的工夫，但他還是對這份判決書感到極端憤怒。他當天晚上發表了一份嚴厲譴責這一判決的聲明：

「本公司遭到了極為不公正的對待，這種不公正是由於他們根本不懂得大企業是怎樣建立起來的。這麼多年來，他們誰也不知道，似乎也不關心它是如何從無到有發展起來的。」

我們從中不難看出，洛克斐勒對做出這種裁決的法官的不滿，他認為自己花大半生心血締造起來的石油王國，被這些不懂商務邏輯的人肆意踐踏了。一向保持克制的洛克斐勒甚至尖刻地說：「不等到罰款付清，蘭迪斯法官就會完蛋。」

標準石油公司對這個判決進行了上訴，經過一波三折的訴訟程序，聯邦上訴法院駁回了罰款，並認為蘭迪斯的行為是濫用司法權限。

不過，洛克斐勒對上訴取得的勝利並沒有感到高興，因為他發現，自己的周圍似乎到處都是手執法律武器，想將標準石油公司這個龐然大物打倒在地的人。

顯然，要想完整地描述聯邦政府與標準石油公司長達 10 年的官司進程是相當困難的，所以我們不妨直接來看看事情的結果以及留下的印記。

1911 年 5 月 15 日，聯邦法官懷特宣布了一份長達 2 萬字的判決書，內容是解散標準石油公司並要求其在 6 個月內與子公司脫離，同時禁止公司原領導人重新建立壟斷地位。至此，這場美國商業史上最為持久的法律秀終於落幕。

這對洛克斐勒而言，的確是一個不小的打擊。他對自己昔日並肩工作的夥伴們發出了一封訃聞式的充滿哀傷語調的信，信的開頭是這樣寫的：「親愛的朋友們，我們必須服從最高法院的裁決，我們曾經輝煌而快樂的大家庭不得不就此解散了。」

不過，後來的事實證明，雖然洛克斐勒在這場訴訟中輸了，但對他的個人財富而言，卻是一次飛漲，他所持有的原公司大約四分之一的股份，換算成了 34 家獨立子公司的四分之一的股份。

而且，隨著 1911 年 12 月 1 日這些公司開始在紐約股票交易所的上市，洛克斐勒的財富一躍而進入全美前 10 名。在短短的一個多月裡，這些獲得獨立地位的石油公司的股票狂漲了好幾倍，有人估計，洛克斐勒的財富從 3 億美元上升為

9 億美元，成為標準石油公司在本案件中最大的贏家。

有人說，對於這些精明的人，連上帝也會幫助他。自標準石油公司解體後的 10 年裡，各子公司的資產平均增加了 4 倍。洛克斐勒在退休後賺的錢，大大超過了他原先經商時的進帳。

洛克斐勒是一個幸運的人，這種幸運激起了許多人的不滿。不過，這些人手中的魔術棒再也玩不出什麼花樣了，只有眼睜睜地看著洛克斐勒的財富不斷增長，一舉超越卡內基而成為全球首富。

據說在當時的華爾街上，許多人的祈禱詞已經成了：「噢，仁慈的上帝，再賜予我們一次解散的機會吧！」

廣種善緣美贍傳

洛克斐勒前半生的主要精力是放在如何發展壯大企業與積聚財富上面，他的後半生卻將目光轉移到如何為自己的巨額財富找個安穩妥當的去處。洛克斐勒一直有一個信念，他認為上帝賜給他財富是為了造福於人類，所以他必須依照上帝的旨意，將自己的錢財合理地分配，只有這樣他才會心安。

不過，捐錢並不比賺錢更容易。在 20 世紀初，洛克斐勒的股票和其他投資大幅增值，他的財富還在以驚人的速度增長，他原來的捐贈顯得不能適應新的情況了。

　　公眾對他的期望值也越來越高，人們希望他能更加慷慨。為了安撫公眾輿論，避開政治上的攻擊，洛克斐勒不得不以更大的行動來捐贈，他的表現已經完全像個慈善家了。

　　此外，他還要向他人證明，身為一個超級富翁，他完全可以用一種非常體面的方式卸下包袱。

　　有人攻擊洛克斐勒說，他所表現出來的樂善好施只不過是一種用來欺騙公眾的伎倆罷了，身為一個靠掠奪與壟斷發財的商人，他的骨子裡不可能真正為別人著想。

　　這樣評論洛克斐勒是不公正的，儘管我們也不排斥他的捐贈有部分目的是出於打消人們對他的懷疑，重建良好的公眾形象，但主要的原因還是出於他的信念。

　　與現代許多企業，哪怕是捐贈一小筆錢也要大張旗鼓地宣傳一番的「壯舉」不同的是，洛克斐勒對自己的慈善行為相當低調，他不想讓別人懷疑自己的施捨有某種追逐私利的動機，所以，他寧可在悄無聲息中進行這項本該享受人們鮮花、掌聲與讚譽的高尚事業。

　　身為一個虔誠的教徒，洛克斐勒並不認為人天生有權接受別人的施捨。他常常擔心自己的捐贈會助長別人的依賴感，因為這種依賴是與新教教義所主張的「不勞動者不得食」的原則是相悖的。

　　他認為，身為施捨者，要調整行善與自力更生之間的關係。他說：「要學會既幫助對方，又不至於削弱對方的道德勇氣，這可是個非常關鍵的問題。」

　　他還處處小心，唯恐打亂現有的社會等級制度。他堅信社會總是賞罰分明的，認為富人是因其超群的智力和事業心而得到回報。相反，一個人在生活中的失敗幾乎總能歸咎於他個性上的某些弱點，歸咎於他身體上、心理上或性格上的某些缺陷……他認為：造成人與人之間貧富差別的主要原因是他們個性上的差異，我們只有用我們良好的素養幫助更多的人樹立起堅強的性格，才能幫助更多的人擁有財富。

　　弗雷德里克‧Ｔ‧蓋茲是洛克斐勒慈善事業的守護神。1894 年前後，威廉‧雷尼‧哈珀首先提出在芝加哥大學建一所醫學院的建議，但洛克斐勒表示反對，並提出一個全新的方案：建立一個主要或完全致力於研究的醫學系。蓋茲生來具有說客的本領，能用無與倫比的精力和智慧來說服他人。3 年後，他提議建立一個醫學研究機構，他深知這個建議一定會引起洛克斐勒的共鳴。

　　雖然洛克斐勒並沒有立即同意蓋茲的建議，但他一直在思考這件事的可行性。最後，他終於意識到，建立這樣的醫學機構完全符合他的需求，它既穩妥又能贏得人心，雖然這樣的醫學機構不一定能有什麼了不起的發現，但至少不會給自己帶來難堪。

　　洛克斐勒准許蓋茲的建議，籌建一個專門用於研究、沒有任何商業目的的醫學機構。

　　建立這樣的醫學機構在當時的美國尚無先例，可是洛克斐勒卻堅信，這樣的機構不僅能夠填補慈善領域的一塊空

白，而且也是自己所有的慈善事業中最有前途的。

　　不過，洛克斐勒的這一舉措還是遭到了來自醫學界的質疑。許多醫學界人士認為，醫學是一門實踐性極強的科學，單憑一些人的胡思亂想，即使他們有了什麼發現也是毫無用處的。不過，洛克斐勒對於自己認定的事，向來是不理會別人的意見的。這時他想的不是建不建醫學機構的問題，而是怎樣建、怎麼運作的問題。

　　經過周詳的考察，洛克斐勒決定建立一所獨立的研究機構。1901 年，洛克斐勒醫學研究所不動聲色地成立了。

　　與以往的做法不同的是，洛克斐勒同意以自己的姓氏命名這家機構，這也能從中看出他對醫學機構寄予的厚望。不過，由於這個醫學機構帶有某種實驗性，洛克斐勒不想讓人們希望它能突然創出奇葩，所以研究機構在創立時相當簡樸，完全看不出其支持者便是大富豪洛克斐勒。

　　洛克斐勒為醫學研究所設立了一筆專用資金，用以招聘最出色的人才。他說：「我雖然有錢，但只有將錢用在那些有主見、有想像力和有勇氣的人身上，並幫助他們做出成績，我的錢才算對人類有價值。」

　　洛克斐勒為醫學研究所定下的規矩是：召集才華出眾的人，把他們從瑣事中解脫出來，不施加任何壓力與干涉，任由他們去異想天開，盡興發揮。洛克斐勒認為，科學家只有在自由與寬鬆的工作環境中，才能創造出奇葩。

　　醫學研究所很快招聘到許多醫學界的精英。後來的事實

證明，這個醫學中心是洛克斐勒除了標準石油公司之外的另一個傑作，醫學研究所成果卓越，成為諾貝爾獎得主的搖籃。

洛克斐勒從不干涉研究所的自主權，他讓科學家而不是那些外行的理事來管理開支。他也很少去視察自己的傑作，因為他不想占用別人寶貴的時間。

一天，洛克斐勒父子恰好途經研究所附近，小洛克斐勒提議道：「爸爸，你還從沒有去過研究所呢！我們搭車過去看看吧！」

洛克斐勒勉強答應了兒子的建議。不過，等到了研究所外面時，他表示只從車裡看一眼就夠了。在小洛克斐勒的一再催促下，這位大富翁終於走進了自己花錢建起來的機構。在一位工作人員的陪同下，父子倆略略參觀了一下，表達了謝意便匆匆離開了。

許多人難以想像，洛克斐勒與那些喜歡前呼後擁、大肆張揚的富人們何其不同，雖然他在商業領域遭人攻擊與謾罵，可是在慈善方面卻顯得如此高尚與謙遜。

1904 年冬天，洛克斐勒醫學研究中心在治療流行性腦膜炎方面取得了舉世矚目的成就，挽救了成百上千人的生命，這讓洛克斐勒感到有必要進一步向研究所加大捐贈力度。

1908 年，洛克斐勒決定出錢為研究所建一座有 60 個床位及一間有 9 個床位的隔離病房的附屬醫院。這個醫院在 2 年後開張，免費為患有小兒麻痹症、大葉性肺炎、梅毒、心臟

病和嬰兒腸道病等病患提供治療。雖然醫院專為洛克斐勒家庭在頂樓準備了5間專用病房，但他們從未享受過這種特權。

洛克斐勒醫學研究所的成功，使得許多人對這位富豪的評價大為改觀。有人說，洛克斐勒在醫學事業方面的成功與其在石油業的成功一樣，都恰逢絕佳的時機。洛克斐勒捐錢成立醫學研究所時，正是醫學作為一門學科日臻成熟，並且有無限發展機會之時。與自己的其他捐贈相比，醫學研究所的成功可謂是極為引人注目的，這讓洛克斐勒備感欣慰。

即使是那些與洛克斐勒積怨甚深的人，也對醫學研究所給予了真心誠意的讚揚。有人認為，洛克斐勒找到了一個恰當的方式，讓他的金錢造福於世上的每一個人，因為醫學研究的價值是世上具有普遍意義的價值，對於每個活著的人而言，都是意義極其重大的。

據統計，洛克斐勒總共為醫學研究所捐贈了6,100萬美元，而這個研究所也不斷地將驚喜帶給世人，成為世界上研究疾病起因和治療方法的最好機構。

僅在1970年代，這裡就有16個人獲得了諾貝爾獎。1965年，研究所出於自身發展需求，正式更名為洛克斐勒大學，專授博士學位和提供研究員基金。

還是在1901年時，洛克斐勒就意識到創辦一個基金會可能是一個不錯的辦法。「我們可以成立一個信託基金會，派一些願意為慈善事業終生奮鬥的人去那裡工作，我們可以親自協助他們，讓我們的慈善事業得到妥善、有效的管理。」他

兒子建議道。

負責管理洛克斐勒慈善事業的蓋茲也在一封信中誇張地說：「先生，您的財產正在像雪球一樣越滾越大，您必須跟上它的膨脹速度！您捐錢的速度必須超過它增長的速度！否則，您和您的子孫後代都會被它壓垮的。」

蓋茲大膽地預言，如果洛克斐勒將巨額財富捏在自己手裡的話，將會帶來「災難性」的後果，他的繼承人將會揮霍掉這筆錢，變得飛揚跋扈，不可一世。所以，他提議洛克斐勒應盡快行動，建立永久性企業化的慈善機構，將錢投入到教育、科學、藝術、農業和宗教方面。

1906 年，洛克斐勒開始著手成立一個龐大的基金會，他接受了兒子的建議，打算創立三個信託基金，一個支援在國外推進基督教文明；一個在國內做這樣的工作；另外一個則專門負責為芝加哥大學、普及教育委員會及洛克斐勒醫學研究所提供資金。

1903 年，洛克斐勒基金會得到經營執照，這意味著洛克斐勒的一大筆財產將免交遺產稅。在這個基金會成立的頭十年裡，他們工作的重點一直在公共衛生和醫療教育方面。

與其他將主要精力放在美國國內的基金會不同，洛克斐勒有意像他建立跨國公司那樣，將基金會發展成為世界性的。

基金會成立了專門的國際委員會，在全世界範圍內展開對瘧疾、結核病、傷寒、猩紅熱等疑難傳染病的防治，並取得

了很大的成功。

研究所於 1937 年研製成功「黃熱病」疫苗，並將這種疫苗發往世界各地，挽救了無數人的生命，但這家研究所中卻有 6 名科學家感染了病毒，為人類的健康事業殉職。

傳染病的一次次肆虐，使基金會的管理者意識到，要想阻止疾病流行，不僅需要科學家的努力，也需要訓練有素的政府人員建立起一套行之有效的公共衛生系統。

為了這一目的，洛克斐勒基金會向約翰‧霍普金斯大學捐款 600 萬美元，用以建立一所衛生與公共保健學院，培養衛生工科、流行病及生物統計方面的專業人才。

後來，基金會又向哈佛大學捐款 6,000 萬美元，以籌建公共衛生學院。美國的醫院衛生事業能處於全世界的領先地位，與洛克斐勒基金會的慷慨解囊是密不可分的。

為了讓公共衛生事業得以在全球展開，基金會花了 2,500 萬美元，在印度、丹麥等許多國家籌建醫學院，以提高當地的疾病防治水準。1915 年，洛克斐勒基金會還成立了中國醫學委員會，並於 6 年後創建北京協和醫科大學，為中國培養了大批掌握現代醫學知識的人才。據統計，中國從洛克斐勒基金會的受惠僅次於美國。

洛克斐勒一生捐贈了 5.3 億美元，其中有 4.5 億美元投向了醫學事業。他用自己的慷慨與創見為慈善事業帶來了革命。

在他之前，那些富人往往只是將錢遺贈給某個個人喜好

的團體，或是免費修幾幢建築，並以自己的名字命名，以彰顯其所謂的高尚行為。而洛克斐勒則用自己的巨額財富造福全人類，建立起了龐大的慈善托拉斯。他的善良與高尚，早就超越個人的色彩，堪稱所有富人們的典範。

1937 年 5 月 23 日，洛克斐勒在睡夢中走完了他輝煌的一生。他一生的財富，除了 2,000 多萬美元作為遺產留給子女外，其他的均透過各種方式回饋給了社會。「他是明智地運用自己財富的第一人，世界因他而更加美好，他的名字將為世人所永遠銘記！」—— 這是一位他曾經的死敵、因托拉斯問題與他糾纏鬥爭了許多年的一位檢察官的感慨。

電子書購買

國家圖書館出版品預行編目資料

頭家這條不歸路：隨時會破產、努力了還不一
定有結果，創業就是這麼危險，但是人生總得
冒險 / 胡文宏，楚風 編著 . -- 第一版 . -- 臺北
市：崧燁文化事業有限公司 , 2022.10
　　面；　公分
POD 版
ISBN 978-626-332-808-2(平裝)
1.CST: 人生哲學 2.CST: 修身
191.9　　　111015660

頭家這條不歸路：隨時會破產、努力了還不一定有結果，創業就是這麼危險，但是人生總得冒險

臉書

編　　　著：胡文宏，楚風
發 行 人：黃振庭
出 版 者：崧燁文化事業有限公司
發 行 者：崧燁文化事業有限公司
E - m a i l：sonbookservice@gmail.com
粉 絲 頁：https://www.facebook.com/sonbookss/
網　　　址：https://sonbook.net/
地　　　址：台北市中正區重慶南路一段六十一號八樓 815 室
Rm. 815, 8F., No.61, Sec. 1, Chongqing S. Rd., Zhongzheng Dist., Taipei City 100, Taiwan
電　　　話：(02) 2370-3310　　傳　　　真：(02) 2388-1990
印　　　刷：京峯彩色印刷有限公司（京峰數位）
律師顧問：廣華律師事務所 張珮琦律師

定　　　價：375 元
發行日期：2022 年 10 月第一版
◎本書以 POD 印製

獨家贈品

親愛的讀者歡迎您選購到您喜愛的書，為了感謝您，我們提供了一份禮品，爽讀 app 的電子書無償使用三個月，近萬本書免費提供您享受閱讀的樂趣。

ios 系統	安卓系統	讀者贈品

請先依照自己的手機型號掃描安裝 APP 註冊，再掃描「讀者贈品」，複製優惠碼至 APP 內兌換

優惠碼（兌換期限 2025/12/30）
READERKUTRA86NWK

爽讀 APP

📖 多元書種、萬卷書籍，電子書飽讀服務引領閱讀新浪潮！

🎧 AI 語音助您閱讀，萬本好書任您挑選

🔍 領取限時優惠碼，三個月沉浸在書海中

🔔 固定月費無限暢讀，輕鬆打造專屬閱讀時光

不用留下個人資料，只需行動電話認證，不會有任何騷擾或詐騙電話。